Die Weinapotheke

Elmar M. Lorey

DIE WEINAPOTHEKE

Amüsantes, Kurioses
und Wissenswertes aus
alten Arzneibüchern
und Chroniken

Hallwag Verlag
Bern und Stuttgart

Die erste Auflage dieses Werkes erschien 1993
als Privatdruck in der Edition WERKSTATT
in der FISCHERGASSE, Walluf,
in einer handgebundenen, limitierten
und numerierten Auflage
von 355 Exemplaren.

Die Abbildungen und Typographien
stammen aus dem Archiv des Autors.

3., bereinigte Auflage, 1998
© 1997 Hallwag AG, Bern

Lektorat: Urs Aregger
Umschlag und Gestaltung: Robert Buchmüller
Satz, Lithos und Druck: Hallwag AG, Bern
Bindung: Schumacher AG, Schmitten

ISBN 3-444-10464-2

Hallwag

Inhalt

Was haben wir aber unter allen Artzneyen für ein besseres und der Natur des Menschen angenehmeres Hülffs-Mittel/ die Bewegung des Blutes anzufrischen und zu vermehren/ als den Wein? und zwar absonderlich einen solchen Rhein-Wein/

Professor Dr. Friedrich Hoffmann (1660 bis 1742)

WEINMEDIZIN?

Der Wein eine Arznei? Seit nicht mehr nur Franzosen, Briten und Amerikaner, sondern jetzt gar dänische Forscher in einer zehnjährigen Studie an 13 285 Männern und Frauen die lebensverlängernde Wirkung des Weines festgestellt haben, wie das *British Medical Journal* Anfang 1995 mitteilte, scheint das Ende für das Fragezeichen gekommen zu sein. Ein Blick in die Medizingeschichte belehrt uns, daß es hinter dem Begriff «Weinmedizin» ohnedies nur als vorübergehende Erscheinung zu gelten hat, gewissermaßen als Ausdruck eines kurzfristigen Zweifels, der kaum ein Jahrhundert andauerte. Beklagenswerterweise reichte diese Zeit aus, die überaus bedeutsame Rolle, die der Wein in der langen Geschichte der Heilkunst spielte, fast in Vergessenheit geraten zu lassen.

In der Tat, es gab sie, die Zeiten, in denen die «Weinmedizin» einen so hervorragenden Platz im Arzneischrank beanspruchte, daß der Weinliebhaber von heute ins Träumen kommt. Die erstaunliche Zahl der aus medizinischen Gründen geleerten Krüge und Flaschen hat darüber hinaus so nachhaltige Spuren in medizinischen Weinbüchern und weinseligen Medizinbüchern hinterlassen, daß allein die Lektüre schon einen Rausch verspricht. Über Jahrhunderte hinweg bezeugen sie eine beeindruckende Ahnengalerie von Ärzten, die den Schlüssel zu Heilung und Gesundheit des Menschen nicht nur in einer gut geführten Apotheke, sondern auch in einem gut sortierten Weinkeller sahen.

Wer sich dieser Hilfe nicht bedienen konnte oder, was zumeist zutreffender war, wer sich diese ärztlichen Hilfsmittel nicht leisten konnte, der hütete unter den Schätzen seiner Hausapotheke zumindest jene Weine, die – zusammen mit Kräutern vergoren – besonders heilsame Wirkungen versprachen. Aber auch diese traditionsreichen Hausmittel wurden von der jüngeren Schulmedizin in Tateinheit mit Wein- und Gesundheitsgesetzgebung ins Exil getrieben.

Der Leser sei also eingeladen zu einer Reise in dieses Exil, zu einem Spaziergang zu diesen Büchern und zu Besuchen bei solchen Ärzten, denen aus medizinischer Überzeugung der Korkenzieher vertrauter war als das Skalpell.

Wem dabei der Rheingauer allzuhäufig ins Blickfeld gerät, der sei schon an dieser Stelle um Nachsicht gebeten. Er ist es, der unter meinem Fenster wächst und auf den Hügeln um mich herum. Eine vielleicht verzeihliche Befangenheit, die mit der Neugier gepaart war, einem alten Begleiter und guten Freund ein weiteres seiner Geheimnisse zu entlocken.

«Schwester, pur!»

Es war eines der Lieblingsworte meiner Großmutter. Auch wenn wir Kinder den Sinn dieses Wortes anfangs nicht recht zu deuten wußten, konnten wir doch beobachten, daß sein Gebrauch stets von einem listigen Flackern in ihren Augenwinkeln begleitet war. Das Wort schien allen Widerspruchsgeist in ihr zu versammeln, dem sie in einem fast hundertjährigen Leben – und bei einem gestrengen Ehemann – nur selten Auslauf gelassen hatte. Dafür hat man ein untrügliches Gespür als Kind. Mit «Schwester, pur!» wurde die immer gleiche Geschichte eingeleitet, die von jenem alten Mann erzählte, der in einer Mischung aus Erschrecken und flehentlichen Bitten seine gestrenge Krankenschwester daran zu hindern suchte, das tägliche Glas Krankenwein mit Wasser zu vermischen: «Schwester, pur!»

Was für andere das Abendläuten war, das war für Großmutter diese Geschichte. Sie gab damit gewissermaßen ein Stichwort, dessen Wirkung für uns Kinder vorausberechenbar war. Sogleich wurde eines von uns in den Keller geschickt, um den immer gleichen irdenen Krug mit Wein zu füllen. Der Keller war dunkel, und wir fürchteten ihn normalerweise. Mitten im gestampften Lehmboden gähnte das schwarze Loch des Hausbrunnens, den in unserer Phantasie ein wilder Mann bewohnte, dem an nichts mehr gelegen war, als uns Kinder zu sich hinunterzuziehen. Die Mutprobe des Weinholers bestand vor allem darin, jene Zeit durchzustehen, die es dauerte, bis der Krug unter dem tröpfelnden Holzhahn des wohlvermachten Fasses gefüllt war. Wegen der Dunkelheit tauchte ich stets den Daumen über den Rand des Kruges und erwartete sehnsüchtig, daß der Wein sich endlich spüren ließ. War dieser Augenblick dann gekommen und der Faßhahn abgedreht, galt es, mit der freien Hand am niedrigen Gewölbe entlang tastend, möglichst schnell die Kellertreppe zu erreichen.

Dort angekommen, konnte auch der Brunnenmann mich nicht mehr daran hindern, jener Belohnung vorzugreifen, die mir oben in der abendlichen Küche gewährt wurde, dort freilich mit Wasser verdünnt. Sehr schnell hatte ich begriffen, daß dies hier im Krug wirkliche Medizin war, zumindest Medizin gegen den Brunnenmann. Auch wenn es mir nie in den Sinn kam, diese Medizin tagsüber gegen andere Ängste einzusetzen, von denen das Leben ja nicht nur für Kinder eine hinreichende Zahl bereitzuhalten pflegt, gehörte Großmutters Wort bald zu den fraglosen Wahrheiten meines Lebens. Denn aus dem Keller kam ich stets als Sieger.

In ihren letzten Lebensjahren, in denen sie ans Bett gefesselt war, wurde «Schwester, pur!» zum unüberhörbaren Appell, ihr das abendliche Glas Wein zu servieren, von dem sie häufig genug und mit der vorwurfsvollen Begründung, es sei schlecht eingeschenkt gewesen, ein zweites verlangte. Bei manchem der Umstehenden löste das zuweilen besorgte Blicke aus. Aber während der Zeit ihres Krankenlagers hatte dieses Wort auf magische Weise den Wein zu einem ganz gewöhnlichen Teil ihrer täglichen Medizin werden lassen, die niemand ihr wirklich zu verweigern gewagt hätte. Wenn sich dann auf ihren gefurchten Wangen wieder Farbe einstellte, wenn sie erst zögernd, dann aber aufgeregt wie ein Vögelchen zu parlieren begann, erreichte sie jene dionysische Leichtigkeit, in der sich alle guten Erinnerungen ihrer 98 Lebensjahre auf einmal einstellten und in der sie zugleich die Last des kranken Tages abwarf. Am Ende des hundertfach Wiedererzählten schloß sie meist mit dem erleichterten Seufzer: «Darauf hab' ich den ganzen Tag gewartet.»

Die sorgenbrechende, wiederbelebende und lebensverlängernde Kraft des Weines, die meine Großmutter zum Schutz vor den gewöhnlichen Trinkanfällen der Leute auf dem Umweg über diese Geschichte in die Hand einer Krankenschwester gelegt hatte, schrieben frühere Menschengenerationen ganz selbstverständlich göttlichem Wirken zu. Die Götter waren die ersten im Weinberg und auch die ersten im Keller. Eine griechische Sage erzählt, daß es der jugendliche Gott Dionysos war, der eines Tages die Weinrebe fand. Zuerst ließ er sie in seiner göttlichen Hand wachsen, dann aber pflanzte er sie in ein Vogelbein, später in eine Löwenpranke und schließlich in das Bein eines Esels. Darum, so fährt die Sage fort, zwitschern die Trinker zuerst wie lustige Vögel, dann fühlen sie sich stark wie die Löwen, und schließlich werden sie zu Eseln.

Einmal abgesehen davon, daß meine Großmutter mit dieser Geschichte bei ihrem Pflegepersonal wohl kaum den gleichen durchschlagenden Erfolg gehabt hätte, um ungehindert das erste der darin beschriebenen Stadien erreichen zu können, läßt die Sage den mythischen Ursprung des Weines erkennen, den die Griechen der Frühzeit mit dem gleichen Wort bezeichneten wie das Leben selbst. Sie nannten den Wein βιοσ, *bios,* Leben, was meine Großmutter sicher widerspruchslos hingenommen hätte. Daß ich selbst damals im Keller dem mythischen Löwenbein begegnet war, erkannte ich erst später.

11

Der Pranger war eine der üblichen Strafen für die Weinfälscher.
Aber es konnte sie auch schlimmer treffen,
wie etwa den Küfer Hans Jacob Ehrni aus Esslingen,
der 1706 wegen «Weinschmiererei» hingerichtet wurde.
Er hatte «die hochverpönte Fälschung mit Bleiglätte
denen ziemlich schlechten und suren 1701er und
1703er Weinen abermalen zu prastisieren unterstanden»,
wie es in einem Stuttgarter Edikt
vom 10. August 1706 heißt.

«Der Weinfälscher am Pranger».
Holzschnitt aus: Johann Rasch, Weinbuch,
München, 1560

12

EHER ARZNEI
ALS EIN GETRÄNK

Die Mythen, die sich um die Entstehung des Weines ranken, deuten freilich in recht unterschiedliche Richtungen. Die Ägypter kannten eine Variante, in der Wein am Anfang menschlicher Selbstbefreiung stand, am Beginn der Auflehnung gegen die Götter. In seinem Bericht über den Isis- und Osiris-Mythos erzählt der griechische Schriftsteller Plutarch (um 45 bis 125 n. Chr.), daß nach dem Glauben der Ägypter Wein das Blut derer war, die einst gegen die Götter gekämpft hatten. Nachdem ihr Blut sich mit der Erde vermischt hatte, wuchs daraus der erste Weinstock. Osiris selbst, Bruder und Gatte der Isis, galt als der erste Weinpflanzer und trug den Namen eines «Meisters der Rebe und der Blumen». Die mystische Dimension des Weines finden wir in der Überlieferung, daß er die einzige Speise der Götter war. Selbst die *Edda* gibt ihm den Vorzug vor dem germanischen Bier: «Doch nur vom Wein lebt der waffengewaltige Odin immer.» Das Geheimnisvolle des Weines spiegelt sich in vielen solcher Sagen. Was lag näher, als das lebenspendende Getränk der Götter den Menschen als Medizin zu verordnen?

Unterstützt wurde die abendländische Vorstellung von der heilsamen Wirkung des Weines durch seine Rolle in der christlichen Liturgie. «Nicht der Gourmand, sondern der liturgische Funktionär hat in erster Linie den reinen Wein gerettet» – diese Feststellung trifft Georg Schreiber, ein Münsteraner Prälat, in seinem Aufsatz «Der Wein als Heiltrank» aus dem Jahre 1962 mit einigem Stolz, und er tut es wohl nicht ganz zu Unrecht. Zugleich zeigt sich hier der Hintergrund für die Strenge und Unnachsichtigkeit, mit der seit je

Ich kann den wust nit allen nennen,
den die felscher darin brennen,
das er nun die farb behalt,
und lass kein menschen werden alt.

Thomas Murner über die Weinfälscher in seiner
Narrenbeschwörung von 1512

die Weinpanscher verfolgt wurden. Was sie mit ihren Manipulationen verfälschten, war eben mehr als ein Lebensmittel. Daß diese Strenge gar zum heiligen Furor werden konnte, beweist jene Geschichte, die man sich von dem Mainzer Kurfürsten Uriel von Gemmingen (gest. 1514) erzählt, der seinen Küfer eigenhändig erschlagen haben soll, als er ihn im Keller des Aschaffenburger Schlosses bei unlauteren Weinmanipulationen ertappte.

Ohnehin kann man beim Thema Wein leichthin in hochkomplizierte Verwicklungen zwischen Philosophie, Theologie und Politik geraten, wie das Schicksal des Schriftstellers Béla Hamvas beweist. Als er 1947 seine *Philosophie des Weins* schrieb, die eigentlich eine Art Theologie des Weines darstellt, war das im marxistischen Ungarn eine Provokation. Hamvas begann sein Buch mit dem Satz: «Ich habe beschlossen, den Atheisten ein Gebetbuch zu schreiben.» Das tat seine Wirkung. Bis zu seinem Tode am 7. November 1968 gelang es ihm nicht mehr, auch nur eine einzige Zeile zu veröffentlichen.

Die Zeit, in der Ärzte und heilkundige Menschen den Wein als einen der wichtigsten Bestandteile ihres Arzneischatzes betrachteten, ist noch nicht allzu lange vergangen, und die Wurzeln dieses Wissens reichen weit in die Antike zurück. Kronzeugen der Medizingeschichte wie Hippokrates (um 460 bis um 377 v. Chr.) und Galenus (um 129 bis um 201 n. Chr.) waren der Ansicht, daß ein guter Wein viel eher als Arznei denn als Getränk zu betrachten sei. In seiner Schrift *Von den Inneren Krankheiten* empfahl Hippokrates bei Ischiasschmerzen soviel Wein zu trinken, bis sich das Nasenbluten

14

einstelle. Von Galenus wird berichtet, daß er Kaiser Mark Aurel (121 bis 180 n. Chr.) bei einem Brechdurchfall erfolgreich mit Pfeffer und dem leichten Weißwein aus den Sabiner Bergen behandelte und mit dieser Weinmedizin seinen ärztlichen Ruf begründete.

Unsere freundliche Trinkaufforderung «Prost!» oder «Prosit!» entstammt nicht zuletzt der medizinischen Fachsprache römischer Ärzte. Mit *prodesse,* nützen, kennzeichneten sie die positive Wirkung eines Heilmittels oder einer ärztlichen Maßnahme. Am liebsten ziehen die Weinfreunde aber den alten Plutarch heran, weil er ihnen das umfassendste und zugleich kürzeste Alibi für ihre Sympathie liefert. Für den griechischen Schriftsteller, Philosophen und Priester war der Wein «unter den Getränken das Nützlichste, unter den Arzneimitteln das Süßeste und unter den Speisen die Angenehmste».

Schon die Ärzte der Babylonier und Assyrer zählten den Wein zum Grundbestand ihrer medizinischen Mittel, setzten ihn aber auch zur Extraktion von pharmakologischen Stoffen ein. Als frühes Narkosemittel und zur Schmerzlinderung diente beispielsweise ein Wein, dessen wirksamer Zusatzstoff aus den Spänen des Buchsbaumes stammte, und lange Zeit gehörte zur Grundausstattung einer Reiseapotheke der aus Buchsbaumholz gedrechselte Weinbecher, der bei den üblichen Reisekrankheiten Abhilfe schaffen sollte. Auch die Ägypter mit ihrer reichen Weinkultur kannten den mit Mineralien, Früchten und Kräutern verstärkten Arzneiwein. In der schriftbildlichen Darstellung des Wortes *«iareret»* für Wein

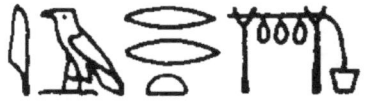

«jareret» – schriftbildliche Darstellung des ägyptischen Wortes
für Wein in vor- und frühgeschichtlicher Zeit

glaubt man übrigens dem Vogel (er steht für den Vokal a) wiederzubegegnen, den wir aus der zweiten Phase der eingangs erwähnten Dionysischen Weinkultivierung schon kennen.

Die Ägypterin Polydamna war es, die der schönen Helena das Rezept für jenen Wein übermittelte, den sie ihren melancholischen Gästen Telemachos und Peisistratos vorsetzte und dessen Wirkung Homer (zwischen 750 und 650 v. Chr.) im vierten Gesang seiner *Odyssee* so beschreibt: «Alsbald warf sie ein Kraut in den Wein, von dem sie tranken, ein kummerstillendes, galleloses, Vergessen bringendes, für alle Übel.»

Der Pharmakologe Horst Kreiskott, der solchen alten Rezepturen liebevoll nachgegangen ist, stellt die Vermutung an, daß es sich bei dem Kraut um die sagenumwobene Alraunewurzel, *Mandragora,* gehandelt haben könnte. Mit ihren psychotropen Inhaltsstoffen *Skopolamin* und *Atropin* spielte die häufig menschenähnlich geformte Wurzel bis ins 19. Jahrhundert eine überragende Rolle in Medizin, Magie und Zauberei. Die mit Alraune, Bilsenkraut und der Blauen Seerose versetzten ägyptischen Weine werden in alten Dokumenten vor allem wegen ihrer aphrodisischen Wirkung gepriesen. Besondere Berühmtheit erlangte der «Wein der Kleopatra», der neben Rohopium auch einige Nachtschattengewächse enthielt und als das vollkommene Aphrodisiakum galt.

Der pure Wein, sofern er nur aus einer bestimmten Region, von einem bestimmten Boden oder einer genau bezeichneten Lage stammte, galt über die Jahrhunderte stets gleichberechtigt als Medikament neben dem breiten Angebot an Kräuter- und Medizinalweinen. Dabei gab es für bestimmte Sorten außerordentlich präzise und eng begrenzte Indikationen, so daß der Genuß von Weinen «unbekannter Herkunft» unter Umständen merkwürdige Risiken – mit gewissermaßen bevölkerungspolitischen Konsequenzen – einschloß. So berichtet beispielsweise der römische Schriftsteller Plinius der Ältere (um 23 bis 79 n. Chr.), der beim Ausbruch des Vesuvs ums Leben kam, im 14. Buch seiner *Naturgeschichte* von einer

Die menschenähnlich geformte Alraunenwurzel,
auch *Mandragora* genannt, war eine der hoch geschätzten Pflanzen
in Medizin, Magie und Zauber.
Sie auszugraben galt für den Menschen als lebensgefährlich.
Man band sie deshalb mit einem Strick
an den Hals eines Hundes, der sie herausziehen mußte.
Diese Illustration aus dem *Juliana*-Codex zeigt
den antiken Pharmakologen Dioscurides,
dem die Göttin der Erfindungskunst, Heuresis, eine Alraune reicht.
Zu ihren Füßen der Hund, der bei der «Ernte» der Pflanze
sein Leben hatte lassen müssen.

Weinsorte in Arkadien, die Frauen fruchtbar, Männer aber
rasend machte. Und in Achaia gab es eine andere Sorte, deren
Trauben den Frauen als Mittel für den Abortus diente, während der «Tröcenische» Wein, der in der Gegend um die Stadt
Argos angebaut wurde, bei Männern als wirksames Verhütungsmittel galt. Galenus jedenfalls gab den Rat, sich mindestens einmal im Monat dieses Mittels zu bedienen.

Die medizinische Bedeutung des Weines in der persischen
Antike wird durch jene Inschrift an einem königlichen Gerichtsgebäude beleuchtet, die von Rabbi Banal in einem Trak-

tat des *Talmud* aus dem ersten nachchristlichen Jahrhundert überliefert ist: «Wein ist die beste aller Medizinen. Wo Wein fehlt, sind Arzneimittel notwendig.»

Schon die Entdeckung des Weines bringt eine persische Legende mit seinen arzneilichen Kräften in den gehörigen Zusammenhang. Weil die geliebte Traube und ihr purpurner Saft den Wechsel der Jahreszeiten nicht überstanden, befahl der königliche Herrscher Dschemschid, den Most von Kernen und Beerenhäuten zu reinigen und ihm täglich eine Probe zu reichen, um so kontinuierlich Natur und Zustand überprüfen zu können. Doch bald wurde der Saft bitter und verlor all seine Süße. Weil der König fürchtete, daß das köstliche Getränk sich nun in Gift verwandelt hatte, ließ er das Gefäß versiegeln und im Giftschrank seines Palastes verschließen.

Eine junge Sklavin aus seinem Hausstande, die schon über lange Zeit an unsäglichem Kopfschmerz litt, beschloß eines Tages, mit dem wohlverwahrten Gift ihrem Leben ein Ende zu setzen. Doch zu ihrer Verwunderung fühlte sie sich nach dem ersten Becher aber erfrischt und spürte, wie der Schmerz sie verließ. Beglückt über die Wirkung, setzte sie die Behandlung fort. Viele Tage und Nächte hatte sie wegen der Schmerzen gewacht, jetzt fiel sie endlich in den lang ersehnten Schlaf. Als sie nach einem Tag und einer Nacht erwachte, war sie gesund.

Der König hörte von diesem Wunder und nahm sogleich selbst eine Probe des Medikamentes. Als er gekostet hatte, pries er den Wein und machte ihn gar zum Getränk seines Volkes. Und weil in der Folge so viele seiner Untertanen von ihren Krankheiten geheilt wurden, gab er dem Wein den Namen «Königsmedizin».

Hildegard von Bingen (1098 bis 1179), die in gleicher Weise aus den antiken Quellen schöpfte, vor allem aus den Werken des frühen Pharmakologen Pedanios Dioscurides (1. Jh. n. Chr.) wie aus der frühmittelalterlichen Volksmedizin, beruft sich auf Plinius, wenn sie den Wein «das Blut der

Erde» nennt. In einem ihrer naturwissenschaftlichen Bücher, der *Physica*, rühmt sie seine Vorzüge, lange bevor die Vorläufer der modernen Medizin und Hygienik dies tun. «Ein Wein von der Rebe, im Falle er rein ist, macht dem Menschen ein gutes und gesundes Blut.» Bei vielen ihrer Ratschläge für ein gesundes Leben erwähnt sie den Wein als das geeignete Auszugsmittel, den Pflanzen die heilsamen Wirkstoffe zu entziehen. «Daß der Mensch fröhlich bleibe und der Melancholie, der trüben, vergesse, soll man Betonien in altem Wein gesotten trinken, und das über drei Morgen und Abend.»

Vor allem in Zeiten, in denen das Land von Epidemien gequält wird, ist der Wein stets das typische Volksheilmittel. Die Forderung, daß die örtlichen Wirte für hinreichende Vorräte an altem und gutem Wein zu sorgen hätten, finden wir immer wieder unter den Anweisungen von Stadtmedici und Räten, wenn es sich darum handelt, daß ein mittelalterliches Gemeinwesen sich auf herannahende Krankheitswellen vorbereitete.

Als der Rat der Stadt Berlin im Jahre 1483 die Pest kommen sah, forderte er den mecklenburgischen Arzt Konrad Schwestermiller (gest. um 1520) auf, all sein praktisches Wissen zur Prävention in einem kleinen Buch niederzulegen, um es den Bürgern der Stadt zugänglich zu machen. Wer nicht der Pestregel des arabischen Arztes Hali Abbas Razes (10. Jh.) folgen konnte – «Zeuch bald, lauf fern, komm spät zurück» –,

Mépt drÿ fier oder funff yngerifch gulden. vn laß dar aus zu famē machē ein dynnes blech. vñ ye dynner ye beßer. vñ machet dz blech låg vñ nit zu breit. dz felbige blech legt auf brynnēde koln als läge bis es glued werd Darnach werfe dz alfo gluend in ewern wein. den ir zu dem tifch trincken wolt. dz macht alfo zu drey mall So habt ir ane zwifell dy kraft dos goldes. Wer aber ein foliches auch nit vermag: der nem ein oder ij. gulden vñ wafch dy aus reynē waffer. vnd leg die auch auf glued koln vnd werff fy dan auch in den wein zu iiij. oder v. maln So bleiben dennoch dy gulden vnuerfert. vnd habt gar ein grofse krefrigung des hertzen. vñ ift dem hertzē krefriger dan welfch wein: Darvon mugt ir alle maltzeit trincken Vñ war zu mehr dz goldträck gutt fei ift auf dife mali mit not zu fchreiben

Aus: Konrad Schwestermillers Pestregiment von 1485

dem riet Schwestermiller in seinem 1485 gedruckten *Pestregiment* vor allem zum «Goldtrank». Dazu mußte aus vier oder fünf ungarischen Gulden ein dünnes Blech geschlagen werden, das auf einem Kohlenfeuer zum Glühen gebracht und dann in Wein abgelöscht wurde. Den armen Leuten, die einen derartigen Verlust von Goldstücken nicht in Kauf nehmen wollten, empfahl der Leibarzt des Mecklenburger Herzogs Magnus II. (gest. 1503), ein oder zwei Gulden nur zu erhitzen und unversehrt im Wein abzulöschen. Zweck der Übung war der auf diese Weise «gestärkte» Wein, die Goldgulden hatten die armen Leute in der Folge noch bitter nötig.

Wer aber nun über gar keinen Goldgulden verfügte, dem riet Schwestermiller, zumindest «alten, guten claren Wein» zu trinken und zusätzlich auch äußerlich anzuwenden: «Wann ein Mensch damit reibt seine Hände, seinen Mundt, seine Neslöcher, das Angesicht, hinter den Oren und unter den Armen, dy Gemecht und daneben», so beuge er wirksam der Pest vor und stärke das Herz.

Doch «guter und alter Wein» war oft nicht aufzutreiben, und die Menschen saßen mißmutig vor ihrer sauren *Lorke,* wie man seit den Zeiten der Römer die wenig genießbare Variante des Getränkes zu nennen pflegte. Durch die Beigabe bestimmter Kräuter versuchte man den Geschmack der häufig oxydierten und sauren Weine zu verbessern. Aber das war nur der eine Grund. Vor allem sollte durch die Beigabe bestimmter Heilkräuter die stärkende, anregende und desinfizierende Wirkung des Weines ausgebaut werden. Der Kräuterwein wurde gewissermaßen zum «Breitbandspezifikum», das häufig gleich mehrere Krankheitssymptome abzudecken in der Lage war. Für die Binger Äbtissin Hildegard gehörte beispielsweise die Melisse zu diesen hochgeschätzten Zutaten, weil nach ihrer Auffassung sich die «Kräfte von 15 anderen Kräutern» darin vereinten. Sie empfahl einen Weinabsud des Krautes zum Beispiel bei Kopfschmerzen, Schwindelgefühl und Magenbeschwerden.

Johann Wonnecke aus Kaub am Rhein,
Stadtarzt in Augsburg und später in Frankfurt, dessen Heil-
und Kräuterbuch 1485 bei Schöffer in Mainz gedruckt wurde,
hatte bei seiner Reise ins Heilige Land die Medizin
der Araber kennengelernt. Wie in fast allen Kräuterbüchern
gehört auch bei ihm die Rebe und der Wein zu den Heilkräutern.
Johannes von Cube, wie er auch genannt wird, zitiert vor
allem die antiken Ärzte und Autoren.

Vitis wynreben ❡ Cap·rrrrvj·

Vitis latine·grece ampeleus·arabice barim vel barin·
Hie ist zu wißen das in dissem capitel die meyster vns be
schriben von der win reben vnd auch deß glichen von dē win
Serapio in dem büch aggregatorus in dem capitel barim id est
vitis beschribet vns vnd spricht das der sy zweyerhande· Die ein ist
wilde·die ander zame·Die zame das ist die rebe von dem win vñ die
ist zweyerhand·wyß vñ swartz oder rot· Die wilde kysser in gręcū
ampeleus die hait ein langen stam der ist fast holtzicht vnd scharpff
vñ hait samen der glichet dē drüben korner vñ wan sie zyttig werdē
so machen sie rot farbe·❡ In dem büch pandectariū in dem capitel
festra genant findet man vil dogēt die vns beschriben werdē durch
die meister võ den wyßen winrebēn· Auch beschriben vns die meister
in dissem itzgenanten büch in dem capitel barim· Auch vil hübscher
dogent von den winrebēn vnd dem win ❡ Galienus spricht das die
wortzel von der win reben gesotten vñ gemischt mit wicken vñ siebē
gezyde samen vnd da mit gewesschen die vnsuber vnd vsserzige hudt
reyniget die· ❡ Die wortzel mit win gesotten vnd vff die kyssen ge
swern geleyt weichet sie vnd zucht den eyter hervß·❡ Mit reben esche
eyn laugen gemacht vnd da mit gewesschen den lyp macht eyn reyn
glat hut·vnd benympt die geswern da von vnd behut den menschen
vor bösem grind·❡ Plinius der safft der vß der reben drüsset benymt
die roden flecken an dē lybe vnd macht dem antzlitz ein hübsch farbe
das da mit gewesche·ix·tage nach ein ❡ Das selbige waßer benymt
die wartzen die dick da mit gewesschen vnd dar vnder gemischet das
waßer das sich vff den eych baumē helt vnd vff den eychen blettern·
❡ Die meister sprechen das der win von den wyßen reben ist kyß an
dem andern grade·vnd so er fast alt wirt so ist er kyß an dē dritten
❡ Der most von den wyßen druben ist kyß an dem ersten grade·
als dan spricht Galienus in dem·vi·büch genant simpliciū farma-
corū❡ Serapio spricht das der safft von den blettern der wynrebēn
sy fast güt den geswern in den dermen des gedruncken vnd vssen an
dem lybe da mit gestriche·vñ ist auch fast güt den die da blüt spyen·
❡ Das waßer das vß dē reben drüsset gedrucken mit win benympt
den stein Mit dissem waßer den lyp gewesschen kilet die vnreinikeit
vnd reyniget die hut

21

Zu den ersten gedruckten Medizinbüchern, in denen die heilsame Wirkung des Weines erwähnt wird, gehört auch der 1485 in Mainz gedruckte *Gart der Gesuntheyt*. Sein Autor, der aus Kaub am Rhein stammende Mediziner Johann Wonnecke (1460 bis 1523), genannt Cube, war Stadtarzt in Augsburg, später in Frankfurt. Auf einer Reise ins Heilige Land, die er 1484 zusammen mit dem Mainzer Juristen und Domherrn Bernhard von Breidenbach (um 1440 bis 1495) unternommen hatte, sammelte er für sein botanisch-medizinisches Kompendium mit großem Fleiß das im Vorderen Orient überlieferte arzneiliche Wissen. Er zählt all die «alten Meister» auf, die «vil hübscher dogent (= Tugend) von den winreben vnd dem win» beschrieben hatten. Auf dem Hintergrund dieses Wissens gehörte für Cube die psychosomatische Wirkung des Weines zu den Selbstverständlichkeiten. Seine heilende Kraft teile sich nicht nur dem Leib, sondern ebenso dem Geist, der Seele und der Vernunft mit: «Er stercket die natur des menschen vnd sterckt auch den gantzen lyb vnd macht wol (ver=)dauwen vnd brenget dem hirn vnd dem heüpt gut vernunfft.»

Der Rausch als Therapie

Nicht nur im Medizinmodell der heilkundigen Binger Äbtissin nahm der Wein neben dem Dinkel einen besonderen Platz ein. Arnoldus von Villanova (um 1235 bis 1311), Leibarzt zweier Päpste, dessen Schrift *Von Beraitung und Brauchung der Wein* als früheste gedruckte Monographie über das Heilmittel Wein gilt, und mit ihm andere führende Ärzte des Mittelalters, sprachen selbst dem Rausch eine hygienische Bedeutung zu. Einmal im Monat sollte man sich ohne Bedenken betrinken, weil der mit dem Rausch verbundene tiefe Schlaf und die Schweißausbrüche den Körper von verbrauchten Lebensgeistern reinige und dadurch die Gesundheit fördere. Wie man heute weiß, ging diese Auffassung auf den arabischen Arzt Hali Abbas Razes zurück, der im 10. Jahrhundert praktizierte und lehrte.

Auch für Avicenna (980 bis 1037), einen der berühmtesten arabischen Ärzte, dessen Lehre vor allem über das maurisch besetzte Spanien nach Europa gelangte und das medizinische Wissen nachhaltig beeinflußte, spielte der Wein eine zentrale Rolle. Er entdeckte nicht nur die wirksame Wundbehandlung mit einer Mischung aus Wein und Olivenöl, er war – was die Rauschhygiene seines Kollegen Razes betraf – auch der Ansicht, daß etwas, das einmal gut sei, zweimal sehr wohl besser wäre. Also empfahl er gleich zwei Räusche pro Monat, und manche seiner Nachfolger taten es ihm nach. Unter ihnen finden wir François Rabelais (um 1494 bis 1553), Franziskanermönch, bombastisch derber Schriftsteller und ebenfalls Arzt. Rabelais, einer der begnadetsten Säufer unter dem Himmel und doch zugleich respektabler Lehrer an der Fakultät in

Das Weinbuch des päpstlichen Hofarztes
Arnoldus von Villanova erschien zum ersten Mal
im Jahre 1478 in deutscher Übersetzung.
Als Leibarzt mehrerer Päpste war er viel herumgekommen
und kannte die besten Reb- und Weinsorten seiner Zeit.
Guter Wein, und das betonte er, mache stark,
verfeinere den Denkspiritus und lasse die Gedanken
schneller ablaufen; deshalb sollten ihn vor allem
die Würdenträger in rechtem Maße trinken, sie müßten ja
über «die höchsten und schwierigsten Dinge nachdenken».
Neben der Weinbereitung geht es in diesem Buch
vor allem um Kräuterweine,
«zu ärtzney und gesunhait der mennschen».

Arnoldus von Villanova,
Ein löblicher und nützlicher Weintraktat, *Wien, 1532*

Montpellier, wartete darüber hinaus mit der These auf, Trunkenheit sei dem Körper zuträglicher als alle Arznei. Nur ein regelmäßiger Weingenuß sichere auch ein langes Leben, was allein schon dadurch bewiesen sei, wie er meinte, daß es mehr alte Weintrinker als alte Ärzte gäbe.

Mit wachsender Kenntnis der Naturwissenschaften spielt die medizinische Wirkung des Weines in der Renaissance eine immer größere Rolle. Unter denen, die diesen Zuwachs preisen und im Selbstversuch testen, ist auch Rabelais' Zeitgenosse Michel Eyquem de Montaigne (1533 bis 1592). Der Politiker, Schriftsteller, Moralist und Winzer bekämpfte seine Blasensteine regelmäßig mit einem *petit vin blanc sec,* einem einfachen trockenen Weißwein. Seine zahlreichen Reisen durch Europa nutzte er nach Möglichkeit, um sich am Genfersee jeweils einer «veritablen Kur mit *petit orne de Villeneuve* zu unterziehen», dessen harntreibende Wirkung weithin anerkannt war. Als fachkundiger Weinliebhaber scheute er sich nicht, auch einem Arzt in dieser Sache medizinischen Rat zu erteilen. In einem seiner Essays schreibt er: «Sylvius, dem hervorragenden Pariser Arzt, habe ich gesagt, daß es, um die Kräfte seines Magens zu stärken und daß sie sich nicht schwächen, gut ist, einmal im Monat durch excessiven Weingenuß anzuregen und sie zu reizen, um sie vor Erschlaffung zu bewahren.»

Die Ratschläge solch bemerkenswerter Personen der Geschichte machen uns heute auf den ersten Blick vielleicht ratlos, wenn es ihnen nicht gar gelingt, uns einfach nur zu erheitern. Und dennoch könnten wir sie auch aus unserer Zeit heraus angemessen deuten. Daß der Rausch als «vierter Trieb ebensowenig wie Sex, Hunger und Durst jemals unterdrückt werden kann», wie unlängst der amerikanische Psychopharmakologe Ronald K. Siegel in seinem Buch *Rauschdrogen bei Tieren und Menschen* angemerkt hat, macht deutlich, daß die Menschen auch mit diesem Thema noch längst nicht abgeschlossen haben. Bei aller Gefahr von Mißbrauch und Selbstzerstörung kann auch der Rausch medizinisch therapeutische Wirkung haben, weil angenehme Veränderungen in Körper und Seele zur Befriedigung gesundheitlicher Bedürfnisse beitragen können. Die Lösung unseres gesamten Drogenproblems, das in der gesellschaftlichen Diskussion so seltsam einseitig gewichtet ist, beginnt erst dann, so meint Siegel, wenn wir diesen Trieb nach psychischer und physischer Stimulation – und auch der Wein darf und muß dann zu den Drogen gezählt werden – als Teil der *condition humaine* zu verstehen und zu regeln lernen. Wenn heute auch niemand leichthin dem Rausch Unbedenklichkeit und therapeutische Wirkung beimißt, so erweist sich diese alte ärztliche Maxime zumindest als Versuch, diesem Trieb einen legitimen Platz einzuräumen und ihn durch Regeln und durch rituelle Ordnung zu zügeln, zu *kultivieren,* so wie der Mensch es sich bei Sex, Hunger und Durst seit je schon auferlegt hat.

Kaffee war eigentlich Wein

Avicennas Entdeckung des Wundbalsams aus Wein und Öl war freilich eher eine Wiederentdeckung alten medizinischen Wissens, das unter dem Weintabu Mohammeds (um 570 bis 632 n. Chr.) in der arabischen Welt in Vergessenheit geraten war. Aber auch nach dem Nüchternheitsgebot des Propheten wurden die Weinstöcke keineswegs ausgerissen. Als erfrischendes Obst waren die Trauben, von denen in der Stadt Saana allein 23 unterschiedliche Sorten angebaut wurden, weiterhin erlaubt und geschätzt. Trotz der neuen Vorschriften des Korans liebte man aber auch weiterhin den Wein, wie durch viele literarische Zeugnisse belegt ist. Seit den strengen Worten des Propheten war er allerdings in die Apotheken verbannt, was die Reichen und Wohlhabenden nicht daran hinderte, ihre Diener des Abends mit Medizinflaschen dorthin auszuschicken, um sich so das gewohnte Quantum dennoch zu verschaffen, nunmehr als Medikament getarnt. Daß auf diese Weise nicht nur unter den Erzählern und Dichtern die medizinische Bedeutung des Weines lebendig blieb, ist unter anderem durch *Tausendundeine Nacht* bezeugt, jene Sammlung von Märchen und Erzählungen, die zwischen 900 und 1500 n. Chr. entstand.

Eine der Episoden berichtet von der schönen Sklavin Tawaddad, die wegen ihres universellen Wissens gerühmt wurde. Der Kalif, der nicht nur von ihrer Schönheit angezogen war, sondern auch vor Neugier auf ihre Kenntnisse brannte, ließ sie eines Tages zu sich bitten und konfrontierte sie mit den ersten Gelehrten seines Landes, darunter auch den berühmtesten Ärzten. Diese stellten neben allen erdenklichen

Fragen über Bau und Beschaffenheit des Körpers auch die Frage nach dem Wein und seinen gesundheitlichen Wirkungen. Tawaddads Auskünfte auf diese Frage bieten eine nahezu erschöpfende Übersicht über das damalige medizinische Wissen zum Thema: Er löse die Nierensteine auf, begann die junge Frau ihre Aufzählung, stärke die Eingeweide, verscheuche die Sorgen, ermuntere zu Großmut, bewahre die Gesundheit, fördere die Verdauung, vertreibe die Krankheiten aus den Gelenken, reinige den Körper von schlechten Säften und bringe Heiterkeit und Freude. Der vergorene Rebensaft stärke also die ganze Natur des Menschen, ziehe die Blase zusammen, kräftige die Leber, öffne die Verstopfung, röte die Wangen, säubere Kopf und Hirn von allen Grillen und verzögere das Ergrauen der Haare.

Nur schwer können wir heute ermessen, wie einschneidend Mohammeds Weinverbot in der ehemals vom Wein getränkten arabischen Kultur empfunden wurde. Eine Ahnung dieses langwierigen und schwierigen Umgewöhnungsprozesses spiegelt sich im Bedeutungswandel des Wortes «Kaffee», das seinen Ursprung in dem arabischen Wort *kahwa* hat und das nichts anderes bedeutete als «Wein». Die Einführung des «neuen» arabischen Kaffees ging einher mit einer mühsamen und langwierigen Verdrängung des Weines. Als im 11. Jahrhundert, in der Blütezeit der arabischen Wissenschaft, das sogenannte *Taqwim* entstand, ein zweibändiges Kompendium ärztlichen Wissens vom gesunden Leben, spielte darin noch immer der Wein eine beachtliche Rolle. Erst im Jahre 1533, in einer der Blütezeiten der Weinmedizin, wurde dieses Buch in die deutsche Sprache übersetzt und wegen seines tabellenartigen Aufbaus mit dem seltsam klingenden Titel *Schachtafelen der Gesundheit* versehen.

Am Ende der Abhandlung über die heilsamen und schädlichen Wirkungen des Weines gaben die beiden ärztlichen Autoren einen klugen Hinweis, bei welchem die Mitteleuropäer damals vermutlich verständnislos den Kopf schüttelten. Dem Weintrinker empfahlen sie «meid groß geschwetz, oder

Schachtafelen der Gesuntheyt

I Erstlich/Durch bewarung der Sechs
neben Natürlichen ding.   Als

Des Lufrs/den gesundtlicher weiß/yn vnd
vß zü athemen/vnd zü entpfahen.
Speiß vnd Tranck ordenlich zü nyessen.
Rechtmässiger übung/oder Rüg des leibs
sich zü gebrauchen.
Deß gleich Schlaffens/vnd Wachens.
Offnung/oder Verstopffung des bauchs.
Innerlicher Begyrlicheyten/oder Affecten.
als Freüden/Zorn/Forcht/Angst.rc.

Groszmächtigen Künigen/Fürsten/vnd
Herren erstlich vorgearbeytet/vß=
zogen/vnnd zügeschriben

II Zům Anderen/durch erkanntnuſſ/
cur/vnd hynlegung

Aller Kranckheyten menschlichs zůfalls/eüsserlich
vnd innerlich/vom haubt an bitz vff die
füſſ/durch alle glyder.

Vß sonderlichem befelch Keyß. Maieſt. Hochloblicher
gedächtnuſſz Caroli des Erſten/vß Arabisch in
Latin/vnd yetzt jüngſt in Teütsche sprach
verdolmetscht.

III Zům Dritten. Aller lxxxiiij. Tafelen
sonderlich Regelbůch angehenckt/
in gemeyn/vnd yeder oyenstlich.

Vormals nye gesehen/dem Gemeynen nutz
zü verstand newlich vßgangen
vnnd verteütscht
Durch D. Michael Hero Leibartz
zü Straßburg.

Mit Keyß. Maieſt. Freyheit vff. v. jar.
Getruckt durch Hans Schotten zům
Thyergarten. M. D. xxxiij.

Schachtafelen der Gesundheit, *Straßburg, 1533*

auch zu vil schweigen», und sie hatten dabei das mohammedanische Weinverbot im Blick. Es handelt sich hier wohl um eine der feinsinnigsten Regeln des Maßhaltens, die hierzulande meist in erheblich derbere Formeln gegossen wurde: «Sauf nicht mit zu vielen, aber sauf auch nicht allein!»

Der lange Kampf
der Weingegner

In der europäischen Medizingeschichte gab es ebenfalls schon früh gewisse Phasen der Spaltung in ärztliche Weinbefürworter und ärztliche Weingegner, die nicht nur das schädliche Übermaß, sondern auch das medizinische Maß bekämpften. Eine der feurigsten Strafpredigten stammt übrigens aus der Feder des Rheingauer Pfarrers Justus Moys aus Assmannshausen. Er ließ sie in Form eines vielstrophigen Gedichtes im Jahre 1580 in Köln unter dem Titel *Von dem schweren Mißbrauch des Weines* in Druck gehen. Aber auch der Arbeiter im Weinberg des Herrn und «liturgische Funktionär» Moys konnte die heilsamen Wirkungen des Weines ebensowenig unterschlagen wie die biblische Tatsache, daß Jesus sein öffentliches Wirken ausgerechnet mit einem Weinwunder begonnen hatte:

> *Sein Göttlich macht damit zu klärn,*
> *Solchs güt entpfangen wir vom Hern,*
> *Der wein das hertz wol fristen thut,*
> *Behelt das gemüt in guter hüt,*
> *Des leibes sterck, sinn, witz, verstandt,*
> *Erhelt der wein mäßig benant,*
> *Da aber drauß wurdt sauffens kunst,*
> *Verliert man Gottes huldt vnd gunst.*

Das Lager der Weingegner blieb freilich über lange Zeit in der Minderheit, da das Lager der Weinverteidiger stattliche Repräsentanten aufzubieten hatte. Sie reichen vom Meister

Eckart (etwa 1250 bis 1327), der mit seiner Feststellung «Nie würde ein Mensch, der Durst hat, so sehr zu trinken begehren, wenn nicht etwas von Gott darin wäre» die Anhänglichkeit an den Wein gewissermaßen theologisch fundamentierte, bis zu dem aus dem rheingauischen Hattenheim stammenden Mainzer Weihbischof Valentin Heimes (1741 bis 1806), des-

Der Arzt Johann Jacob Wecker aus Colmar, dessen Frau eines der ersten Kochbücher verfaßte und die von ihrem Mann sagte, daß er «beim Kurieren viel auff das Kochen gesehen» habe, erwähnt unter anderem den «vinum recens», den jungen Wein, unter den Schlafmitteln. Wecker war von den vielfältigen Heilwirkungen des Weines so überzeugt, daß er 1570 speziell ein Buch zu diesem Thema in Druck gehen ließ: *Ein nützliches Büchlein von mancherley künstlichen Wassern, Ölen und Weinen.*
Das Wort «künstlich» signalisierte jedermann, daß es hier um die «Heilkunst» ging.

118 PRACTICÆ GENERÁLIS

Chamæpitys	Malua
Daucus	Opopanax
Eryngium.Eruum	Piper. Panicum
Fœnumgrǽcum	Peucedanum·
Ficus	Petrofelinum
Iris.Iuniperus	Rorifmarinum
Iuglans	Ruta
Hyofcyamus	Sifymbrium
Lini femen.Libyfticū	Serpyllum
Lupus falictarius	Sampfuchus
Milium	Vitellum oui,&c.

De Soporiferis, Cap. 62.

Soporifera medicamenta ex genere anodynorum habentur, vt præcedenti capite diximus. Sunt autem hæc,veluti.

Cicuta	Mandragorӕ liquor
Dorycnium	Mofcus arbor recens
Halicacabum	Opium
Hyofcyamus	Papauer fatiuum
Hypecoon	Papauer erraticum
Lactuca	Perficorum nuclei
Lapis Memphites	Solanum fomniferum
Lolium	Vitex
Mandragora ➡	Vinum recens,&c.
Mandragorӕ poma	

De me-

Aus: Johann Jacob Wecker, Practica Medicina, *Basel, 1558*

32

sen persönliches Quantum bei täglich «vier bis sechs Maß» lag, wie er – von Goethe glaubhaft überliefert – in einer seiner Predigten bekannte. Heimes nannte dieses Maß von sechs bis neun Litern einen «persönlichen Gnadenerweis Gottes». Er hätte sich dabei allerdings auch auf philosophische Vorbilder stützen können. Von Sokrates (um 470 bis 399 v. Chr.), dem weisen Schulmeister des Altertums, wird berichtet, daß er sich mit seinem zwanzig Jahre jüngeren Freund Alkibiades (um 450 bis 404 v. Chr.) auf regelrechte Wettrinken einließ, bei denen der Herausforderer jedesmal den kürzeren zog. Während seine Trinkgenossen «schon anfingen, ihre Dispositionsfähigkeit einzubüßen, sprach er selbst mit klassischer Ruhe noch über ernste, philosophische Gegenstände», wie Rudolf Schultze in seiner *Geschichte des Weins und der Trinkgelage* von 1867 diese Überlieferung kommentiert.

Erst im 19. Jahrhundert gelang den medizinischen Weingegnern der entscheidende Schlag gegen die «Weinmediziner». Daß dabei ausgerechnet der große Weinverehrer Louis Pasteur (1822 bis 1895) behilflich war, mag der hochgeehrte Chemiker und Biologe selbst als unverdientes Schicksal empfunden haben. Ihm, der in guter Tradition Montaignes noch im Jahre 1863 in Paris seine *Etudes sur le vin* veröffentlicht hatte, war es wenig später gelungen, das Geheimnis der alkoholischen Gärung zu lüften und damit dem Wein das «geistige» Geheimnis zu entreißen. Auch wenn er als erster Bakteriologe weiterhin an der Meinung festhielt, daß der Wein «das gesündeste und hygienischste aller Getränke» sei, wird mit seiner Entdeckung schließlich doch das Ende der Weinmedizin eingeläutet.

Fortan wird der destillierte Alkohol den ersten Platz einnehmen. Aber auch der Alkohol, ein Wort übrigens, das wir gleichfalls der arabischen Sprache verdanken, wo es ursprünglich das hochgeschätzte, aus Rosenblättern destillierte Duftmittel «Rosenwasser» bezeichnete, wird seine Gegner finden, noch ehe sein kometenhafter Aufstieg in der Arzneikunde so richtig begonnen hat. Die für den Weinfreund wenig tröstliche medizinische Wende lastet nämlich nicht allein auf dem guten Pasteur. Begünstigt wurde sie von einer ersten nachhaltigen Welle der Antialkoholismus-Bewegung, deren Ausbruch die Weinhistoriker um das Jahr 1860 diagnostizieren.

Da nun in diesem zeitlichen Bogen schon angedeutet ist, was zur weinlosen Medizin unserer Tage führte, erscheint es therapeutisch sinnvoll, uns von diesem Schock des 19. Jahrhunderts dadurch zu erholen, daß wir unverzüglich zurückkehren in jene Zeit, in der trotz aller Lebenslast auch Krankheit noch mit weinseligen Begleiterscheinungen verbunden war.

Der Dämmerschoppen, eine ärztliche Erfindung

Für Paracelsus (1493 bis 1541) war der Wein ein rechtes Universalmittel, mit dem fast jede Krankheit zu heilen war. Von ihm, der von diesem Mittel recht ausgiebigen, wenn nicht gar ausschweifenden Gebrauch machte, weiß man, daß er nach langen Kneipenbesuchen bisweilen nur noch lallend seinen Schülern sein medizinisches Hauptwerk diktierte, das in der Folge ganzen Generationen von Ärzten als Lehrbuch diente. Hinsichtlich seines frühen Todes wird

Aureolus Theophrastus von Hohenheim,
genannt Paracelsus, im 45. Lebensjahr.

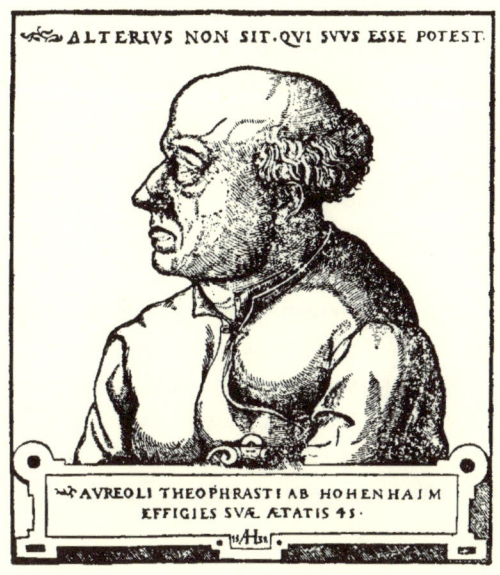

Holzschnitt nach einer Zeichnung von Augustin Hirschvogel

35

man sich allerdings vor jenem vorschnellen Urteil hüten müssen, das gerade diesen ausgiebigen Weingenuß dafür haftbar machen will. Sehr viel wahrscheinlicher ist die Hypothese, daß der experimentier- und reisewütige Arzt, der sein Leben lang ruhelos in ganz Europa unterwegs war, in Wirklichkeit den zahlreichen Selbstversuchen erlag, die er mit dem damals modern gewordenen und hoch geschätzten Heilmittel Quecksilber angestellt hatte. Wer ist schon vor Irrtum sicher?

Auf dem Hintergrund der *Humorallehre,* der Lehre von den vier Körpersäften, denen die vier Temperamente zugeordnet waren, einem Modell, das noch bis ins 19. Jahrhundert die medizinische Theorie und Praxis bestimmte, galt für Paracelsus der Wein vor allem als «erwärmendes» Mittel, das ein «feuchtes und kaltes Temperament erfrischt» und «zusammenzieht», was «trocken und heiß» ist. Ohne astrologische Kenntnisse freilich, so meinte er, könne ein Arzt überhaupt keine wirksamen Heilversuche am Patienten vornehmen. Davon waren die einfachen Leute übrigens ebenso überzeugt wie die gelehrten Leute, die Regenten und die hohe Geistlichkeit.

Im Jahre 1327 beispielsweise verordnete Meister Rembot angesichts der Gefahren einer bevorstehenden Sonnenfinsternis dem Mainzer Erzbischof und Landesherren Matthias von Bucheck (gest. 1328) eine gründliche Weinbehandlung. Rembot, der zugleich Hofarzt des Kaisers war, verschrieb zur Vorbeugung, zur Nachbehandlung sowie zum generellen Schutz vor «Verzauberung durch die Planeten» dem Mainzer Herrn einen kräftigen Trunk «wohl getönten Weines», und zwar jeweils vor Sonnenuntergang und dann noch einmal danach. Damit war der «Dämmerschoppen» erfunden, der bis heute dankbaren Weintrinkern zur lieben, wenn auch nicht mehr ärztlich verordneten Gewohnheit geworden ist. Er brachte jene gesunde Lebensregel hervor, die man des Abends überall bei gesitteten Weintrinkern zu hören bekommt: «Bei Sonnenuntergang wird entkorkt».

Diese kostbare ärztliche Verordnung verdankt sich nicht zuletzt dem Rheingauer Wein, der damals zumeist noch der

Der lateinische Wortlaut jenes Rezeptes für
den Mainzer Erzbischof Matthias,
mit dem der kaiserliche Arzt Rembot im Jahre 1327
die Tradition des «Dämmerschoppens»
begründet haben mag.

Domine mi Reverendiſſime. Quia in pro-
xima Eclipſi craſtina die videlicet XVI Sep-
temb. quaſi poſt horam terciam inchoandam,
virtutem vitalem precipue alterat, diminuit
vel corrumpit, eoquod radius luminaris
corporis magni vitæ dator ab hoc orbe ter-
reſtri tollitur, & per interpoſitionem mi-
noris luminaris deciditur, quare ſpiritus
vite diminuitur, igitur artificialiter ad re-
ſtauracionem & preſervacionem ejusdem
ſpiritus noſtre vite, artis remedio raciona-
biliter intenditur, iſto modo videlicet, quia
ſecundum Avicennam ſpiritus vite & virtus
augetur electis cibis & potibus & fuga rei,
quæ triſtari facit & renovacione rei amabi-
lis & cohabitacione cum dilectis non carnis
ſocietate ſed ſpiritus caritate Similiter
ſtare in aëre concluſo & correcto ſicut in
cavia clauſa, ubi aër camere igne eſt cor-
rectus & cavere ab aëre discooperto tutum
eſt, & large uti ſompno & pingviori refe-
ctione ſerotina apud me commendatur, &
de mane expulſis ſuperfluitatibus uti nobili
pigmento vel nobili vernaſio vino vel alio
nobili potu inlitum buccella panis non mi-
nus laudabile videtur, ita quod poſt modi-
cum intervallum cibi refectio laudabilis ſe-
quatur. Hec veſtra humilis creatura Ma-
giſter Rembotus Sereniſſimi Roman. Regis
* & veſter Medicus & ſervus revocans veſtre Dominicacioni ad memoriam, quod di-
ctus de Appenheim Cantor Eccleſiæ Worm.
indebite me vexavit, ſemper ſub ala veſtre
protectionis de hiis & aliis ſperans trium-
phare, hec valde generalia, ſpecialia reſer-
vans usque ad tempus oportunum.

Aus: Joh. Peter Schunk,
Beyträge zur Mainzer Geschichte in Urkunden,
Frankfurt und Leipzig, 1788

37

Orléans, eine Pinot-Variante, und noch kein weißer Riesling war und mit dem der Mainzer Erzbischof Matthias seine Zehntkeller reichlich zu füllen pflegte. Das weinselige Rezept von 1327 ist übrigens auf dem ersten Papier niedergeschrieben, das man seit 1319 in Europa herzustellen begann. Offensichtlich zeigten die Ärzte auch damals schon die Neigung, in ihren Praxen zum jeweils Neuesten zu greifen. Möglich, daß nach einer so langen Geschichte der Weinmedizin vergleichbare Verschreibungen bei ihnen nur deshalb ganz aus der Mode gekommen sind, weil sie ihnen altmodisch erscheinen.

Die Geschichte der Weinmedizin ist jedoch reich an Zeugnissen für das Wiederentdecken von Vergessenem. Als man vor einigen Jahren die Einhorn-Apotheke im pfälzischen Weissenburg renovierte, fand man unter anderem ein Rezept mit der lapidaren Verordnung: «Mariae Kraft bedarf einer Flasche Deidesheimer.» Dem medizinischen Laien mag das die interessierte Frage entlocken, warum der Wein heute so selten bis nie verschrieben wird, obwohl doch jeder dann und wann der Flasche bedarf, wie selbst neuere Forschungsergebnisse nahelegen. Jüngst erst hat der amerikanische Arzt E. Frankel den Rotwein als Vorbeugemittel zur Verringerung der Herzinfarkte – immerhin einer Volkskrankheit – wiederentdeckt und an seinen Kranken erfolgreich getestet (*Lancet,* Band 341, S. 455, 1993). Seine Kollegen Renaud und Lorgeril von der Universität Bourgogne hatten schon im Jahr zuvor jenen Stoff im Rotwein ausgemacht, den sie *Resveratrol* nennen und der die Konzentration des als günstig angesehenen Blutfettes HDL erhöht, im Gegensatz zum schädlichen LDL (*Lancet,* Band 339, S. 24, 1992).

Doch all das ist im Grunde nicht mehr als eine Wiederentdeckung alten ärztlichen Wissens. Bekannt war es schon einem Manne, der, so scheint es jedenfalls, vor über 250 Jahren das moderne Kostendämpfungsgesetz auf seine Weise vorwegzunehmen versuchte: Professor Doktor Friedrich Hoffmann (1660 bis 1742), der Erfinder der «Hoffmannstropfen».

Er hatte 1722 in seinem Buch *Gründlicher Unterricht – Wie ein Mensch nach den Gesundheits-Regeln der Heil. Schrift und durch vorsichtigen Gebrauch weniger Auserlesener Artzneyen, Ingleichen durch Vermeidung unbedächtlicher Medicorum . . . sein Leben und Gesundheit lang conserviren könne* nicht nur für die preiswerte Medizin Wein plädiert, sondern auch festgestellt:

Die Ober-Stelle aber unter allen stärckenden Sachen behält billig ein subtiler, kräfftiger, geistreicher und hertzhafftiger Wein, als der Rhein-Wein und der davon gemachte Spiritus ist.

Wein ist die vornehmste Hertz-Stärckung.

Aus: Friedrich Hoffmann, Gründlicher Unterricht..., *Ulm, 1722*

Gerade aus Rheingauer Sicht werden wir auf Friedrich Hoffmann und auf seine modernen, weil kostendämpfenden Vorschläge an späterer Stelle noch ein besonderes Augenmerk zu richten haben. Das genannte Buch jedenfalls gab nicht nur eine Anleitung, «einen guten und gescheiden Medicum» von einem Quacksalber zu unterscheiden, es plädierte auch für eine begrenzte Anzahl von «Artzney-Mittel» – darunter den Wein –, die zur Behandlung der allgemeinen Krankheiten ausreichen sollten.

Realistische Hoffnungen, die Diskussion der sogenannten Gesundheitsreform damit auf neue Weise befruchten zu können, lassen sich daran freilich nicht knüpfen, sind doch vergleichbare Ansätze zur Wiederbelebung der Weinmedizin in jüngster Zeit zumeist gescheitert. Entweder fanden sie nicht den Weg zum reformfreudigen Praktiker, oder sie verloren sich im dichten Gestrüpp der Paragraphen, wie der mutige Vorstoß eines Würzburger Apothekers beweist. Der klagte 1990 vergeblich vor dem Münchener Verwaltungsgericht gegen einen Bescheid seiner Stadtverwaltung, die ihm ein Wein-

Georg Friedrich Reimann, ein Schüler des
«Königlich-Preußischen Leib-Medicus» Friedrich Hoffmann,
hatte dieses volkstümliche Lehrbuch im Auftrag
seines Professors herausgegeben.
Neben dem «Nutzen der Wasser-Bäder» wurden
zugleich auch noch die besonderen ärztlichen Wirkungen
des ungarischen Weines abgehandelt.

Herrn Friederich Hoffmanns,

Weit-berühmten Königl. Preuß. Leib-Medici und Professoris, der Engl. Societät der Wissenschafften Mitgliedes,

Gründlicher

Unterricht,

Wie ein
Mensch nach den Gesundheits-Regeln der
Heil. Schrifft und durch vorsichtigen
Gebrauch weniger

Außerlesener Artzneyen,

Ingleichem durch
Vermeidung unbedächtlicher Medicorum und Verhütung deß Mißbrauchs der besten und herrlichsten Nahrungs- und Artzney-Mittel, sein Leben und Gesundheit lang conserviren könne.
Deme noch beygefüget ein außführlicher Bericht von der Natur, Eigenschafft
und herrlichen Krafft

Deß Ungarischen Weins,

Und von dem unvergleichlichen

Nutzen der Wasser-Bäder

In innerlichen Kranckheiten,
Wie auch
Von dem Gebrauch und Mißbrauch deß
Schnupff-Tobacks und anderer Nieß-Pulver.
verfertiget und herauß gegeben von

Georg Friedrich Reimmann, Med. Cand.

ULM, Verlegts Daniel Bartholomäi, 1721.

40

Verkaufsverbot auferlegt hatte, weil er seine guten Bocksbeutel, mit eigens ermittelten Analyseangaben versehen – «Frankenwein ist Krankenwein» sagte man im Mittelalter –, seiner ratsuchenden Klientel als «diätetisches Lebensmittel» angeboten hatte. Man fürchte Mißbrauch, sagte das Gericht, und zog sich hinter allerlei Paragraphen zurück. Aber zumindest eine Lücke hat der wackere Weinfreund in die starre Wand gebrochen. Seit neuestem führt er in seiner Apotheke ausgesuchte Literatur zur alten Weinmedizin.

Selbst auf kluge und weinerfahrene Politiker wird man in dieser Frage nur beschränkt hoffen können, sofern es unter ihnen denn solche Doppelbegabungen geben sollte. Theodor Heuss (1884 bis 1963), der erste Bundespräsident der Bonner Republik beispielsweise, der seine Karriere noch mit einer Doktorarbeit über den Weinbau begann, sie aber schließlich mit einem politischen Amt krönte, war jedenfalls der entscheidenden Frage ausgewichen. «Wer Wein trinkt, betet. Wer Wein säuft, sündigt», soll er gesagt haben. Damit hatte er zwar die medizinische Streitfrage auf eine theologische Ebene gehoben, sie aber noch lange nicht der hartleibigen Welt der Paragraphen entzogen. Mithin ist das Problem vorerst nur theologisch eindeutig beantwortet, und wir können festhalten: Wer der Weinmedizin mit dem Argument des Mißbrauchs begegnet, bestraft gewissermaßen die Beter, wo er doch die Sünder meint. Von einem eher säkularen Standpunkt aus betrachtet, erscheint der Rückblick auf die medizinische Rolle des Weines allerdings weitaus ergiebiger als der Ausblick auf seine ärztliche Zukunft. Tauchen wir also getreu dem Historikergrundsatz, daß Geschichte als Heilmittel gegen das Vergessen zu gelten habe, ohne weiteren Aufschub tiefer in diese weinfreundliche Vergangenheit ein.

Der «Guldenschreiber zu Pforzheim und Bürger zu Kirch under Teckh»,
Johannes Walther, legte in seinem *Schönen/Herzlichen/vnnd
Nützlichen auch Bewerten Weinbüchlein* anno 1607
den Erfahrungsschatz aus 35 Jahren des Suchens
in «alten Büchern, Kellereyen, berühmbten Küffereyen und
Clöstern» vor, wie er schreibt. Auch ihm geht es darum,
wie man mit Wein und Kräuterweinen
«den Schadt- vnd Bresthafftigen helffen kan».

Ein Schönes/Herzliches/vnnd Nützliches/
auch Bewertes Weinbüchlein/
von schönen Künsten.

Darinnen begrieffen/
wie mann die Wein erhalten/
vnnd ihrer pflegen soll/ auch wie mann den
Schadt- vnd Bresthafftigen helffen kan : Deßgleichen allerley
Gattung Ring/zum Ablaß/vñ sonsten einzubrennen/Vaß Beraitung/verdorbne/gut
zumachen/sawre Wein süß zumachen: Wie auch allerley/herzliche/gute/vnnd gesunde/
Kräuter/vnnd gewürtze Wein / dabey jeders Krafft/Tugendt/vnd Würckung/
angezeiget wirdt / welche dann sonderlich dienen/Denen/so sich der
Apoteckerischen Artzney nicht gebrauchen können/
noch wöllen.

Darbey ist auch ein sonderlicher Bericht/
Eßig zumachen/so wol auch auß Bier/als auß Wein/
mit welchen Künsten dann/sich mancher in einer grossen
Stat wol ernehren kan.

Sampt

Angehencktem sehr Nützlichem Bericht/ vom Bier/als/wie
dasselbig zu sieden/dem abgefallenem zuhelffen/vnd dann vom Kräuter/vnnd
Gewürtzem Bier/desselben Krafft/Tugendt/vnd Würckung/
für viel fürfallendte Kranckheiten.
Allen Rebleüten/Würten/Kellern/Küffern/Biersiedern/
vnd menniglichen/auch als ein Hauß Apoteck/sehr dienstlich/in offentlichen
Truck gegeben.

Durch Johannem Waltherum/Guldenschreibern/
zu Pfortzheim/vnd Burgern zu Kirch vnder Tecth.
CVM GRATIA AC PRIVILEGIO, SACR. CÆS. MAIEST.
Ettlingen/Durch Johan Philip Sptes. Anno 1607.

Weindunst ist
Heilkunst

D ie anregende und stärkende Wirkung des Weines
konnten die Menschen zu allen Zeiten so sinnfällig
am eigenen Leibe beobachten, daß sie im Grunde
einer medizinischen Theorie nicht bedurften. Daß er angesichts der hygienischen Standards über Jahrhunderte nahezu
das einzige bakteriologisch unbelastete Getränk darstellte,
blieb bis ins 19. Jahrhundert ohnedies ein wissenschaftliches
Geheimnis. In der Entwicklungsgeschichte eines Weines hatten die Menschen das Abbild der eigenen Biographie vor Augen, Wein als Metapher für eine karge und doch auch süße
Kindheit, stürmische und gärende Jugend, selbstklärendes
Alter und das individuelle Geschick eines endlichen Lebensbogens.

All das kam dem magischen Denken entgegen, das wir
meinen, längst abgelegt zu haben, mit dem wir aber auch
heute noch die Dinge nach ihren geheimen Botschaften be-
fragen. Darunter war auch stets die Frage nach der heilsamen
Wirkung eines Dinges, zu der beim Wein nicht von ungefähr
die Frage nach dem tieferen Sinn des Rausches hinzutrat. Für
nicht wenige war er Grenzüberschreitung auf Zeit, verbunden
mit der Hoffnung, einen Blick auf die Rückseite der Welt zu
erhaschen. Zugleich gruben sich die Heilkundigen stetig an
jene medizinisch-pharmakologische Tiefenschicht heran, aus
der dem Wein in den unterschiedlichen Epochen jeweils neue
heilsame Bedeutung erwuchs.

Vom ausgehenden Mittelalter bis weit ins 19. Jahrhundert
war die Weinmedizin unter den Ärzten nicht wirklich um-
stritten. Wenn es zu Meinungsverschiedenheiten kam – ganz

im Sinne der Kontroverse «Beter und Sünder» –, ging es weniger darum, ob Wein verordnet wurde, als vielmehr darum, wieviel und welcher, damit er beim Patienten den erwünschten, heilenden Zweck erfüllte. Der Mathematiker und Stadtmedicus aus Nürnberg, Walter Ryff (gest. vor 1562), geriet mitten hinein in diesen Streit. In seinem *New Kochbuch für die Kranken,* das im Jahre 1545 zum ersten Mal in Frankfurt gedruckt wurde, erweckt er bisweilen den Anschein, sich in das Lager der sparsamen Weintherapeuten geschlagen zu haben: «Soll man ohne den Rath eines erfahrnen Arztes den Wein nit also reichlich zue lassen.»

Von getränck/zu werme vnnd
feuchte geneygt.
Leicht geringe wein/weiß vonn farben/ vnnd wässerig/ ist warmer vñ feuchter Cõplexion/ Ob solcher inn den febern zugelassen werden mõg/ist auch ein grosse disputation bei den ärtzten.

Aus: Walter Ryff, New Kochbuch für die Kranken, *Frankfurt, 1545*

In seinem diätetisch-medizinischen Lehrbuch – nichts anderes waren die frühen Kochbücher – scheint Ryff sich auf den ersten Blick für eine restriktive Verordnung des Weines entschieden zu haben. «Leicht, geringe Wein, weiß von Farben und wässerig», schreibt er, «ob solcher in den Fiebern zugelassen werden möge, ist auch eine grosse Disputation bei den Ärtzten.»

Aber schon auf den zweiten Blickt erweist Ryff sich ungebrochen in der Tradition der entschiedenen Weinärzte stehend. Zu jeder Krankheit zeigt er nicht nur die empfehlenswerten Speisen auf, sondern nennt er auch die jeweils geeigneten Weine. Gleich im ersten Kapitel über Fieber und Schüttelfrost ermuntert er die Krankenpfleger, den Patienten aufzuwärmen «mit warmen Steinen, in Tücher eingewickelt, vorhin mit Wein ein wenig gesprengt». Wer Ryffs Anweisun-

Walter Ryffs *New Kochbuch / Für die Kranken,*
Frankfurt, 1545,
ist eine der ersten gedruckten Anweisungen
für die Krankenpflege.
Der Wein spielt darin eine beeindruckende Rolle.

New Kochbůch / Für die Krancken.

Wie mann krancker Personen /
In mancherley Fehl vñ Gebrechen
des leibs pflegen / Mit zůrichtung vnnd kochung vi=
ler nůtzlicher gesunder Speiß / Getränck / vnd allen euß
serlichen dingen warten sol. Den Brancken warten / vnnd
sunst iederman in der noturfft zů vnderweisung gestelt /
Durch Gualtherum Ryff, Medicum.
Mit Keys. Gnaden vnd Priuilegien.

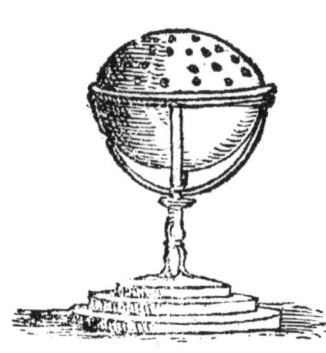

Jn solchen kopff thůt man brennende kolen/die nit riechen/heltet die schweyß tůcher darüber/vnd erwår met sie. Jn solchem fall mag man wackestein auch brauchen/oder gebacken zů gelstein/mit geringe leich ten wein ein wenig begof= sen/darmit sie ein warmen dampff geben.

Aus: Walter Ryff, New Kochbuch für die Kranken, *Frankfurt, 1545*

gen folgte, der füllte die Krankenzimmer mit dem Duft von Kneipen und tauchte sie in Wolken von Weindünsten, die nach ärztlicher Auffassung die Heilung des Kranken besonders befördern sollten.

Ryff hatte dazu eigens einen «Weinverdunster» erfunden, der mit «brennende Kolen, die nit riechen», also mit Holzkohlen, geheizt wurde, um Tücher damit anzuwärmen, in die man die Patienten einzuwickeln pflegte. Vor allem aber sollte das Gefäß – ersatzweise schlägt er für ärmere Patienten angewärmte Ziegelsteine vor – «mit geringem, leichten Wein ein wenig begossen» werden, «damit sie ein warmen Dampf geben». Ein ähnliches Verfahren übrigens schlug auch der Doktor Michael Ettmüller (1644 bis 1683) vor. Er tat es allerdings mit Blick auf die Körperpflege und mit kosmetischen Absichten, wenn er riet: «Will die Haut anfangen runzlig zu werden und der schönheit gewalt tun», soll man «eine Pfanne erhitzen, mit dem mund wein darauff sprützen, und den dampff ins gesicht lassen».

Die äußere Anwendung des Weines bei den unterschiedlichsten Krankheitszuständen spielt jedoch die geringere Rolle. In den Spitälern und Krankenhäusern gehörte der Weinkeller zur Hausapotheke, Abteilung innere Krankheiten.

Die therapeutische Hochschätzung des Weines spiegelt sich in den Gründungsdokumenten der Spitalstiftungen ebenso wie in den Rechnungsbüchern der späteren Krankenhäuser. Im Jahre 1321, bei der Schenkung der ersten Weinberge an das Würzburger «Bürgerspital», hatte schon der Stifter für die Heimbewohner täglichen «Frankenwein zue Lab und Stärkung an Leib und Seele» vorgesehen. Nach der «Weinordnung» des Spitals der Gemeinde Überlingen am Bodensee erhielten die Insassen täglich bis zu dreieinhalb Liter Wein. Die Tradition hielt sich an manchen Orten bis zum Ende des 19. Jahrhunderts, wie eine Statistik des Darmstädter Elisabeth-Hospitals aus dem Jahr 1871 eindrucksvoll belegt. Für die 755 Patienten, die innerhalb eines halben Jahres behandelt worden waren, betrug die verordnete und auch konsumierte Menge 4633 Flaschen Weißwein, 6233 Flaschen Rot-

Der Arzt bei einem Patienten.
Der Wein als Medikament und Stärkungsmittel
gehörte selbstverständlich zur Krankenpflege.

Holzschnitt aus: Hieronymus Brunschwig, Liber pestilentialis,
Straßburg, 1500 (Ausschnitt)

wein, 60 Flaschen Champagner, einige Dutzend Bouteillen Weißwein gehobener Qualität, einige Flaschen Bordeaux und ungefähr 350 Flaschen Portwein.

Als Stärkungsmittel allein oder mit den Wirkstoffen von Kräutern angereichert, sind ärztliche Weine im Ausgang des Mittelalters in großer Zahl im Gebrauch. Mit der Erfindung der Buchdruckerkunst war die Verbreitung der einschlägigen Rezepte für die Zubereitung solcher medizinischer Weine sprunghaft gewachsen. In immer neuen Varianten bringen sie jenes Heilwissen der antiken Medizin unter die Leute, das unter den Händen der akademischen Ärzteschaft fast verlorengegangen war. Die hatte sich in der Alltagspraxis fast ausschließlich auf die Harnbeschau beschränkt, die sie vom Menschen auf ähnliche Weise entfernte, wie das in gewissem Sinn von der aktuellen Gerätemedizin gesagt werden kann.

Die älteste Sammlung von medizinischen Weinen findet sich im schon erwähnten *Weintraktat* des Arnoldus von Villanova, der 1478 in Esslingen zum ersten Mal in deutscher Sprache im Druck erschien. Zahllose Bücher folgten. Einige, wie das 1531 bei dem Frankfurter Drucker Christian Egenolff (1502 bis 1555) von einem anonymen Autor verlegte Bändchen *Von Speisen und Natürlichen und Kreuter Wein,* geben schon im Titelblatt zu erkennen, auf welch breites Fundament an Vorläufern sie sich dabei stützen können. Das Frankfurter Buch nennt die Ärzte Apitio, Platina, Varrone und Fiera, nur eine Auswahl aus der großen Zahl der alten Weinmediziner. Den Überlieferungen fügen die neuen Weinbuchautoren aber auch eigene Erfahrungen und Rezepte hinzu, geben Hinweise zur Pflege und Lagerung des empfindlichen Elexiers und singen, wie schon der heilige Augustinus im vierten nachchristlichen Jahrhundert, immer wieder das Preislied seiner psychosomatischen Wirkungen.

«Der Wein und seine Gutheit wird nicht allein in dem Leib, sondern auch in dem Gemüt geoffenbaret. Wann er macht das Gemüt fröhlich, den Verstandt subtil und scharf. Er gibt dem Gemüt Kühnheit, Mildigkeit.»

Der Autor des Buches
Von Speisen + Natürlichen vnd Kreuter Wein aller verstandt,
das 1531 bei Christian Egenolff in Frankfurt erschien, ist nicht
bekannt. Er lehnt sich stark an die *Küchenmeisterei* von 1485 an
und kompilierte Texte der antiken Ärzte und Autoren.

Von Speisen. Na-
türlichen vnd Kreuter Wein/
aller verstandt.

Vber den zůsatz biler bewerter künst/ in
sonders fleissig gebessert vnd corrigirt.

Auß ⎰ Apitio.
⎱ Platina.
⎱ Varrone.
⎱ Bapt. Fiera &c.

Von Wein.

Er Wein vnd seine gůtheit wirt nit allein in dem leib/sonder auch in dem gemůt geoffenbaret. Wañ er macht das gemůt frölich/den verstandt subteil vnnd scharpff. Er gibt dem gemůt kůnheyt/miltigkeyt.

Aus: Von Speisen und Natürlichen und Kreuter Wein, *Frankfurt, 1531*

Seine vielfältige «Tugend», wie man seit dem Altertum die Heilwirkung nennt, hat ihn zum Universalheilmittel werden lassen. «Wein messiglich genützt, macht lebendig und erquickt natürliche Wärm, verdaut die Speise, treibt alle Überflüssigkeit zum Stuhlgang, reinigt die Natur von allen bösen Dünsten und Unreinigkeiten und Cholera, adelt das Blut, stärket das Hirn, klärt die Augen, schärfet die Sinn und Vernunfft des Menschen, macht schön lautere Farben.»

Bei dem exzessiven Weingenuß, der zu dieser Zeit in Zentraleuropa üblich ist, fehlt es allerdings auch hier nicht an einem Hinweis auf das Maßhalten.

Tugent des weins.

Wein messiglich genützt / macht lebendig vnnd erquickt natürliche wärm / verdewet die speiß / treibt alle überflüssigkeit zum stuelgang / reynigt die natur von allen bösen dünsten vnd vnreynigkeiten vnnd Cholera / adelt das bluet / stercket das hirn / erklärt die augen /
schärpffet die sinn vnd vernunfft des menschen / macht schön lautere farben. Dise kräffti hat der wein so man jn zimlich braucht. So man aber vnordenlich braucht / so thuet er als vil schaden / als vil er sunst nütz ist.

Tugent des weins.

Ein messiglich genützt/macht lebendig vnnd erquickt natürliche wärm/verdewet die speiß/treibt alle überflüssigkeit zum stůlgang/reynigt die natur von allen bösen dünsten vnd vnreynigkeiten vnnd Cholera/adelt das blůt / stercket das hirn/erklärt die augen/ schärpffet die siñ vnd vernunfft des menschen/macht schön lautere farben. Dise kräfft hat der wein so man jn zimlich braucht. So man aber vnordenlich braucht/so thůt er als vil schaden/als vil er sunst nütz ist.

Aus: Von Speisen und Natürlichen und Kreuter Wein, *Frankfurt, 1531*

Der Wiener Kleriker, Organist, Autor
und Buchhändler Johann Rasch
faßte in seinem *Weinbuch* von 1580
das Wissen seiner Zeit über Weinbau,
Weinbehandlung und Weinmedizin
zusammen.

Weinbuch. Das ift:

Vom baw vnd pflege des Weins/ Wie derſelbig nützlich ſol
gebawet/ Was ein jeder Weinziher oder Weinhawer zuthun ſchuldig/
Auch was für nutz vnd ſchaden durch ſie kan aufgericht werden,
Allen Weingart Herren ſey: nothwen-
dig zu wiſſen.
Daneben auch wie man allerley Kreuter vnd Brantwein/Eſſig/Meeth/
vnd Bier/machen/erhalten/vnd welche abgeſtanden/ wie
denſelbigen wider zuhelffen ſey.
Durch Johann Raſch/Burger zu Wien/an tag geben.

Getruckt zu München/ bey Adam Berg.
Mit Röm: Kay: May: Freyheit nit nachzutrucken.

51

In seinem *Diaeteticon* von 1682 zeigt sich der
brandenburgische Arzt Elsholtz sehr informiert darüber,
was bisher über die positiven medizinischen Wirkungen
des Rheingauer Weines veröffentlicht worden ist.
Zwei Jahre später legte er sein Buch *Vom Garten-Baw* vor, in dem er
sich ausführlich mit dem Brandenburgischen Weinbau beschäftigte.
Auch dort lobt er den Rheingauer als ersten der deutschen Weine.
Daß dieser Wein unter den preußischen Ärzten so geschätzt wurde,
ist vor allem Elsholtz zu verdanken.

JOAN. SIG. ELSHOLTII,
Doct. & Sereniss. Elector. Brandeburgensis
Medici Ordinar.

DIÆTETICON:

Das ist/

Newes

Tisch-Buch/

Oder

Unterricht von Erhaltung guter Gesundheit durch eine ordentliche Diät/ und infon-
derheit durch rechtmäßigen Gebrauch der Spei-
fen/ und des Getränks.

In Sechs Bücher auff eine fehr bequeme
Weife/ und in richtiger Ordnung abgefaßt: auch mit nöh-
tigen Figuren gezieret/ und mit vollkommenen Registern
verfehen.

Mit Röm. Käyf. Majeft. allergnäd. Privilegio.

Cölln an der Spree/

Zu finden bey dem Autore.
Und gedruckt durch Georg Schultzen/ Churf. Brandb. Hoff-Buch-
druckern/ Anno 1682.

«Diese Kräfte hat der Wein, so man ihn ziemlich (= maß-voll) gebraucht. So man aber unordentlich braucht, so tut er ebenso viel Schaden, als er sonst nütz ist.»

Die meisten Menschen halten sich an solche Ratschläge und trinken ordentlich. Sie folgen der einfachen Devise, daß derjenige ein Verschwender sei, der mit einem nützlichen Mittel sparsam umgeht. Sie schwören auf die Heilkraft des Weines, die Johann Rasch (um 1540 bis 1612) in seinem *Weinbuch* von 1580 so beschreibt: «Es ist je die wahrheit, daß dies edel gewächs, so von Gott dem Herrn (wie alles) fast (= sehr) guet dem Menschen zu unzählbaren sachen nützlich erschaffen ist.»

«Unzählbare Sachen», önotherapeutische Anlässe also, waren jederzeit leicht zu finden, wie man im *Diaeteticon* von 1682 nachlesen kann. Sein Autor, der brandenburgische Arzt Johann Sigismund Elsholtz (1623 bis 1688), zitiert einen gewissen Peter Forster, der «rühmet den Ringauer sonderlich in Ohnmacht». Und wer gerade keine Ohnmacht zur Hand hatte, sondern sich nur «schwächlich» fühlte, konnte einer anderen Rezeptur Forsters folgen, der aus «eigener Erfahrung» festgestellt hatte, «daß der Rheinwein, ob er wohl durch den Urin leicht weg gehet, dennoch nähre, und fett mache, wie man denn an den Weinschenken, die viel Rheinwein sauffen, gewahr würde, daß sie meistentheils feist und wohl bey leibe waren».

Die Herzogin Eleonora Maria Rosalia
stammte aus dem Hause Liechtenstein und wurde
mit dem Fürsten Eggenberg vermählt.
Ihr Arzneibuch, dem ein eigenes Kochbuch
für die Kranken angefügt war, erschien
zum ersten Mal 1697 und erlebte viele Auflagen,
zuletzt 1863 in Augsburg.

Freywillig aufgesprungener

Granat-Apffel

des Christlichen Samariters.

Oder:

Aus Christlicher liebe des nächsten eröffnete

Geheimnisse

vieler vortrefflicher bewährter artzneyen, aus berühmter
leib-ärtzten, oder Medicin-Doctorn, lang gepflogener erfahrenheit
von
Der Durchlauchtigen Hertzogin, Fürstin und Frauen,
Frauen ELEONORA MARIA ROSALIA,
Hertzogin zu Troppau und Jägerndorff,
gebohrner Fürstin zu Lichtenstein rc.
zusammen getragen.
Samt einer Diæt, wie sich bey ieder kranckheit in essen und
trincken zu verhalten;
Wie auch

einem neuen Koch-Buch,

In welchem allerhand rare und denen patienten zu verschiedenen kranckheiten erspießliche speisen vorgeschrieben werden.

Leipzig, bey Thomas Fritschen, 1709.

WEINMEDIZIN FÜR FRAUEN UND KINDER

Neben den «Purgier- und Laxierweinen», also reinigenden und stuhltreibenden Mitteln, erleben die «geärzten Weine» in der Frauenheilkunde eine besondere Blüte. Und weil die Apothekerpreise auch damals schon gewisse abschreckende Wirkung hatten, bot Eleonora Maria Rosalia, geborene von Liechtenstein und Herzogin von Troppau und Jägerndorff (1647 bis 1704), in ihrem Buch über die «Geheimnisse vieler vortrefflicher bewärter artzney», das sie im Jahre 1697 unter dem poetischen Titel *Freywillig aufgesprungener Granat-Apffel* erscheinen läßt, zahlreiche Rezepte, wie solche Weine in jedem Haushalt hergestellt werden konnten. Die symbolträchtige Frucht im Titel steht hier für lebenspendende Kraft und Heilsverheißung.

Der *Florini,* eines der frühen und umfangreichsten «Hausvater-Bücher» des 18. Jahrhunderts, die damals sehr in Mode gekommen waren und dessen Autor aus den vielfältigsten Quellen schöpft, verstand sich ebenfalls als medizinischer Ratgeber. Der großformatige Doppelband erschien 1702 erstmals im Druck und war dem Mainzer Kurfürsten Lothar Franz von Schönborn (1655 bis 1729) gewidmet. Im achten Buch breitet der Autor gleich seitenweise die Anweisungen über Zubereitung und Wirkung solcher Kräuterweine aus, die bei den unterschiedlichsten Erkrankungen der «weiblichen Geburtsglieder» und vor allem bei Menstruationsbeschwerden Trost und Heilung spenden sollten. Zur Grundausstattung der Wochenbettzimmer gehörte der Wein so selbstverständlich wie der medizinische Alkohol in den ärztlichen Praxen von heute.

℄ Jtem es sol sich auch ein yegliche schwangere
fraw hüten voz allen den essen vnnd erczney die
frawen kranckheit pringe·als da ist peterfilwur·
czen·rättich wurcz·lannger pfeffer·saffran·vnnd
cymatrinden vnd der gleichen
℄ Jtem den wein den die schwanger frawen trin
cken söllen der sol sein lauter weiß vn·on alle ge
mächt/vnd der sich geren harmen laft/vnnd doch
der ein güte stercke hab·

Aus: Das Frauenbüchlein des Ortloff von Bayerland, gedruckt vor 1500

Item es sol sich auch ein jegliche schwangere
fraw hüten vor allen den essen vnnd ertzney die
frawen kranckheit pringen * als da ist petersil wur-
tzen * rättich wurtz * lannger pfeffer * saffran * vnnd
cymatrinden vnd der gleichen
Item den wein den die schwanger frawen trin-
cken söllen der sol sein lauter weiß vnd o(h)n alle ge-
mächt / vnd der sich geren harm(= n)en last / vnnd doch
der ein guete stercke hab*

Nach Angaben des Würzburger Arztes Ortloff von Bayerland (um 1400) hatte die Schwangere sich zwar vor bestimmten Speisen und Gewürzen zu hüten, wie etwa vor Petersilie,
Rettich, Pfeffer und Safran, nicht aber vor dem Wein. Der
sollte nur «lauter und weiß» sein und «sich gern harnen lassen, und doch eine gute Stercke haben». Dieser verbreiteten
Praxis stellte der Züricher «Steinschneider» und Verfasser
eines der frühen Geburtshelferbücher, Jacob Rueff (1500 bis
1558), allerdings andere Beobachtungen entgegen. Seine Patientinnen, so schreibt er, verlören einfach die Lust am Wein.
Aber auch er findet darin noch einen medizinischen Nutzen.
In seinem *lustig Trostbuechle von den empfengknussen*, das er
am Ende eines erfahrungsreichen Lebens als Geburtshelfer
1554 in Zürich herausbringt, beschreibt er den Wein gewissermaßen als diagnostisches Mittel zur Früherkennung, als

«Diss biechlin sagt wie sich die schwangeren fra(u)wen halten süllen».
In diesem frühen Hebammenbuch,
das vor 1500 gedruckt wurde und dem Würzburger Arzt
Ortloff von Bayerland (um 1400) zugeschrieben wird,
warnt der Autor die Schwangere vor Gemüsen und Kräutern,
ermuntert sie aber zum Weißwein.

¶ Diſz biechlin ſagt wie ſich die ſchwangern frawen halten ſüllē voʒ der gepurt in der gepurt vnd nach der gepurd·

¶ Jch Oʒtolffus doctoʒ in der ertznep von fleyſſiger gebete willen bin ich gebeten woʒden von etberen frawen/das ich jnen geſchriben wär geben ein kurtze lere/als wenn die ſchwangeren frawen ſind nachnen der gepurd/wye ſy ſich darinn hallten ſöllen vnd auch die hefamme zů der frawen vindeſt du hienach in diſem büchlin geſchriben·

ersten Schwangerschaftsnachweis. Denn «so sie den trinken, empfinden sie davon Beschwernis».

Noch in Friedrich Osianders *Handbuch der Entbindungskunst* von 1821 kann man – mit dem damals nicht nur unter Weinkäufern verbreiteten antijüdischen Zungenschlag – lesen: «Der alte, ächte Rheinwein, nicht von jüdischen Weinhändlern verschnitten, noch wie das Getränk des Thimotheus mit Wasser vermischt, sondern wie der Apostolische Wein und der Rosenwein in Bremen, als unverfälschte Gottesgabe

Jacob Rueff (um 1500 bis 1558) war «Steinschnyder
der loblichen Statt Zürich».
Er war kein studierter Doktor, sondern gehörte der Zunft
der «Bader und Barbir-Chirurgen» an.
Seit 1552 war er zum Ausbilder und Berater
der Zürcher Hebammen berufen worden.
Neben diesem ersten Lehrbuch für die Hebammen
wurde er aber vor allem durch seine
religiösen Schauspiele bekannt.

Ein schön lustig Trost-
büchle von den empfengknuffen vnd geburten der menschen / vnnd jren vilfaltigen zůfälen
vnd verhindernuffen / mit vil vnnd mancherley bewärter stucken vnnd artznyen / ouch schönen figuren / datzů dienstlich / zů trost allen gebärenden frou-
wen / vnd eigentlichem bericht der Hebammen / erst
nüwlich zůsamen geläsen durch Jacob Rüff /
burger vnd Steinschnyder der loblichen Statt Zürych.

Getruckt zů Zürych by Christoffel Froschouer /
im M. D. LIIII. jar.

58

Der Wein gehörte auch zur Grundausstattung
der Wochenbettstube.

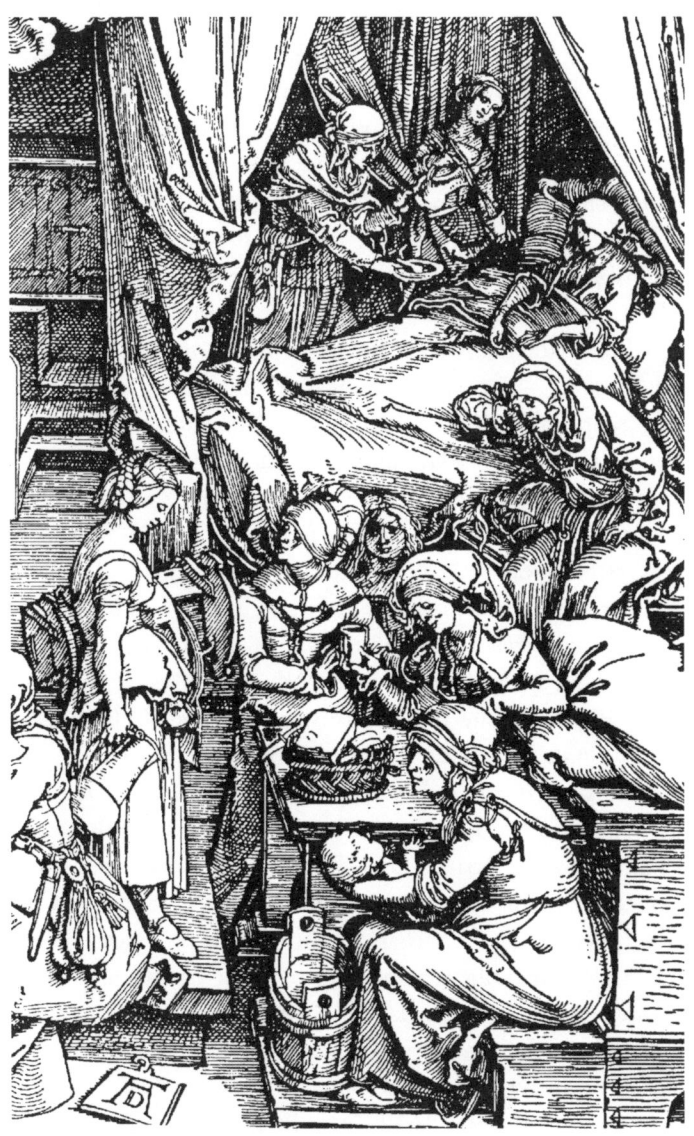

*«Die Geburt Mariens». Holzschnitt von Albrecht Dürer,
um 1503 (Ausschnitt).*

aufbewahrt, ist das einzige Getränk, was jedem Kranken in mässiger Gabe eine wahre, wenngleich nur vorübergehende, Kraft und Stärke und zuverlässig immer Erquickung verleihet.»

Unter den zahlreichen Weinzubereitungen für die Schwangere, die bei dem Hof- und Stadtmedicus Johannes Wittich (1537 bis 1598) zu finden sind, seien hier nur genannt: Wein mit Anissamen, so «ein Fraw schwanger (ist und) zu seltzamen, schedlichen Dingen Gelüste hette», geschabtes Elfenbein in Wein zur Förderung der Geburt und Fenchelkraut mit Wein zur Förderung der Muttermilch. Um das Kind im Mutterleib zu erquicken, «nim einen runden oder breitlechtigen Pfefferkuchen, den röste gar fein braun und besprenge solchen mit Wein oder Rosenwasser und strewe gestoßenen Muscaten und Majoran darauff, lege dann solchen fein warm über den Nabel . . . Das Kind erquickt sich und wird starck.» Und eine andere Variante, die dem gleichen Zwecke diente: «Nimb einen heißen Ziegelstein und geuß rothen Wein darauff, strewe gestoßene Nelken darauff, dann trette das Weib darüber und lasse ihr den Dampf in Leib gehen und lege sich, und nehme etwas zur Stärkung ein, es stercket das Kind gar wohl.» Und schließlich gab man Lorbeer oder wilde Minze in Wein zur Reinigung und zur Austreibung der Nachgeburt.

Eher in das verpönte Gebiet männlicher Indiskretion als in das der Frauenheilkunde schlägt wohl jene Weinzubereitung, die uns von dem neapolitanischen Arzt Johann Baptista della Porta (1540 bis 1615) überliefert ist. Sieht man von seiner Leidenschaft für die magischen Künste ab, kann dieser Universalgelehrte der Renaissance sehr wohl als Wissenschaftler im modernen Sinne gelten. Wegen seiner optischen Experimente, und weil er die damals schon bekannte «camera obscura» dadurch verbesserte, daß er in die Öffnung eine Linse einsetzte, gilt er gar als der «Vater der Fotografie». In seiner *Magia Naturalis,* die 1612 auch in deutscher Übersetzung erschien, versprach er, von den Rezepturen «unserer Vorfahren» nur solche weiterzugeben, bei denen er mittels eigenhän-

Der Arzt Johann Wittich aus Eisleben,
Hof- und Stadtarzt des Grafen von Schwarzburg, gab im Jahre 1575
dieses *Hausartzney*-Buch heraus, das «armen Leuten nützlichen» sollte.
In den folgenden Jahren machte er in seiner Praxis so überaus
gute Erfahrungen mit den heilsamen Wirkungen des Weines,
daß er sie in einem zweiten Buch niederschrieb.
Es erschien 1592 unter dem Titel
Von der artzneylichen Tugend des Weines in Leipzig.
Die Rezepte darin werden fast ausnahmslos
mit Wein zubereitet.

Hausartzney /

vnd Notwendiger kurtzer

Vnterricht / wie man sich itzt / in
anhebender Pestilentzseuche /
mit Göttlichem beystan-
de schützen / Vnd da
man darein gera-
then/auch Cu-
rieren
sol.

Allen Hausuetern vnd

armen Leuten nützlichen.

Durch

Johannem Wittichium/

Medicum Islebiensem.

1 5 7 5.

diger Experimente nachgewiesen habe, «ob sie recht oder unrecht haben». Die vollmundige Behauptung seiner Vorrede scheint er aber nicht in jedem Falle wahr gemacht zu haben, wie man getrost vermuten darf. Dennoch, seiner fleißigen Sammel- und Experimentiertätigkeit verdanken nicht nur moderne Hexenforscher eine der höchst seltenen Beschreibungen über Zusammensetzung und Wirkung der Hexensalbe, er bietet auch für unsere Fragestellung eine beeindruckende Auswahl von Weinzubereitungen zur Erhaltung und Wiedergewinnung der Gesundheit an – darunter allerdings auch eine Rezeptur, die ein Ziel verfolgte, das heutzutage vermutlich der *political correctness* zum Opfer fallen würde. Sein «Wein mit geriebenem weißem Bernstein oder Crystall» diente nämlich vorwiegend männlicher Neugier. Jedenfalls ist auf Seite 210 der Magdeburger Ausgabe zu lesen: «Wie man einer Weibes Person erkennen sol / ob sie noch unberuert vnd ein Jungfrauw sey / oder ob sie mit Mannen zu thun / vnd Kinder gehabt habe.» Und Porta bleibt uns auch eine Beschreibung der Wirkung dieses indiskreten Testweines nicht schuldig, der sehr schnell nach Verarbreichung die Wahrheit zu Tage bringen sollte: «Wo er denn alsbaldt den Harn treibet / also das(s) man ihn nicht halten kann / so ists eine Anzeigung / daß die Person ihr Jungfernschafft verloren hab.» Aus heutiger Sicht steht allerdings zu vermuten, daß der beschriebene Effekt weniger durch diesen Wein als durch das schallende Gelächter der auf solche Weise examinierten Testpersonen eintrat.

In seiner *Armen-Apotheck* von 1721 hatte der Büdinger Hofarzt Johann Samuel Carl den Wein als das probate Mittel bei ausbleibenden Wehen empfohlen. Da aber die Hebammen, um die lästige Wartezeit abzukürzen, nicht selten einen solchen Trunk für sich selbst beanspruchten, läßt der Doktor keinen Zweifel aufkommen, für wen dieser Wein gedacht war: «Wann aber das Kind wohl eingetreten und doch die Wehen mangeln, pflegt man die Natur aufzurichten durch einen kräftigen Trunck Wein.» Ansonsten wendet er sich ge-

Weil die «Armen Leut» nicht über das reichhaltige Angebot
der Apotheken verfügen konnten, empfahl ihnen der Büdinger Hofarzt
Johann Samuel Carl in seiner *Armen=Apotheck* in vielen Fällen
das preiswerte Medikament Wein.

Johann Samuel Carln
Gräfl. Isenb. und Stolb. Hof=Medici
Armen-Apotheck
Nach allen
Grund-Theilen u.-Sätzen
der Medicin

Kürtzlich und einfältig eingericht und
mitgetheilt

Zum

Unterricht und Dienst so wohl der
krancken Armen insgemein/ als auch derer/
die sie versorgen sollen und wollen und doch die
eigentliche Erkanntnuß in der Artzney-
Kunst nicht haben.

Nebst zweyen Anhängen
I. Der Pest=Tabell.
II. Des geistl. Raths vor Krancke
und Sterbende.

Die zweyte Auflage
Vermehrt mit einer
Zugabe von der Universal-
Artzney.

Büdingen/
Druckts und verlegts Joh. Friedr. Regelein. 1721.

gen alle künstlichen Mittel, die Wehen zu beschleunigen oder sie zu verzögern, weil das den Gebärenden aus den ärmeren Schichten der Bevölkerung nur unnötige Apothekerrechnungen beschere. «Bei ihnen geschieht die Geburt», wie seine Erfahrung ihn lehrte, ohnedies «leichter als bei den Grossen und Reichen». Deshalb schickt er den Hebammen noch einen besonderen Hinweis hinterher, der auf seine Weise auch heute noch Aktualität besitzt. Da sie «nur um eylichst zu ihren Hauß-Geschäften zu kommen so schnell zur Geburtsarbeit treiben», ermahnt er sie, «wohl abzuwarten, bis die rechte Wehen selbst den sichersten Anfang machen».

Stets auf der Suche nach preiswerter Alltagsmedizin für die kleinen Leute, spielt bei dem Büdinger Arzt der Wein auch eine Rolle bei der medizinischen Versorgung des Neugeborenen. Gleich zu Beginn des Kapitels über die Kinderkrankheiten beschreibt Carl, wie – so könnte man nach heutigem Verständnis sagen – dem Geburtsschock des neuen Erdenbürgers nachhaltig abzuhelfen war, mit einem Weinbad:

CAP. VIII.
Cur der Kinder-Kranckheiten.

I. WEAnn die Kinder zur Welt gebohren: ist das erste Artzneyen gleichsam / daß sie mit warmen Wein / oder Milch und Wasser vom Unflath müssen abgewaschen und gereiniget werden. In einigen Landen werden sie hernach mehrmahlen gebadet. In andern pflegen sie nur an feuchtern Orthen gereiniget zu werden. Wird solches nicht sorgfältig gehalten: bleibt der Schmutz hängen / verhartet / macht Schmertzen / Jucken / Unruhe und andere Zufälle; Ja der Zustand der so genannten Mit-Esser wird dieser hinterlassenen Unreinigkeit zugeschrieben.

Aus: Johann Samuel Carl, Armen=Apotheck, *Büdingen, 1721*

«Wann die Kinder zur Welt geboren: ist das erste Artzneien gleichsam, daß sie mit warmen Wein oder Milch und Wasser vom Unflath müssen abgewaschen und gereinigt werden.» Wer sich an die entsprechende Weinwaschung des Säuglings nicht hielt, dessen Kind lief Gefahr, in der Folge unter «Mitessern» zu leiden. Christoph Wilhelm Hufeland (1762 bis 1836), zu dessen Patienten die Großdichter Goethe und Schiller gehörten, riet den Schwangeren zwar vom Weingenuß ab, verordnete aber ebenfalls solche Weinwaschungen. «Sind Kinder gefallen, so rathe ich, den ganzen Körper mit warmem Wein zu waschen ... So auch dient das tägliche Waschen mit lauwarmem Wein bey Kindern, welche Anfang zur Englischen Krankheit zeigen und das Laufen nicht lernen wollen.»

Einer, der von einer solchen ersten postnatalen Weinkur besonders profitierte, war der kleine Johann Wolfgang Goethe. Als er am 28. August 1749 Punkt zwölf Uhr in Frankfurt geboren wurde, gab der Säugling keines der üblichen Lebenszeichen von sich. In der allseitigen Bestürzung ergriff allerdings die resolute Amme, die durch diese Tat ohne Zweifel als echte Rheingauerin ausgewiesen ist, die Initiative und tauchte das Kind kurz entschlossen in ein eilends hergerichtetes Warmbad aus Wein, der auch in Goethes Elternhaus nie fehlte. Die Wirkung war nachhaltig und hatte sich so tief in die Erinnerung des Dichters eingegraben, daß er in seinem Alter daraus gar so etwas wie eine frühe Ruhmestat zu machen verstand: «So ward ich denn geboren oder vielmehr aus der Mutter herausgezogen, fast wie tot, mit schwarzem krausem Haar. In einem Bad heißen Weins, das einem anderen hätte gefährlich werden können, kam ich zu Kräften.»

Die Rheingauer Hebammen gingen hier entschlossen einen Schritt weiter. Sie gaben den neugeborenen Kindern als erste Nahrung einen guten alten Wein ein, «um ihnen gleich in der Wiege den Stempel der Heimat aufzuprägen», wie der profunde Kenner Rheingauer Mentalität und Begründer der Volkskunde, Wilhelm Heinrich Riehl (1823 bis 1897), in

Selbst Brüche waren zu heilen, wenn man Kindern den «Spiritus Salis»
in «rothem Wein» eingab; täglich 64 Gramm auf den nüchternen Magen,
wie der Erfurter Arzt Christoph Hellwig in seinem
*Teutsch-Medicinisches Receptbuch... vor die meisten Kranckheiten der
Mannes=Personen* aus dem Jahre 1715 rät.

Folgendes soll man als ein Arcanum aus Franckreich haben/ wieder die Brüche/ ohne Schnitt solche zu heilen.

Dieses *Arcanum* ist der wohl *rectificirte Spiritus Salis*, und wird die *Dosis* nach dem Alter gegeben/ als:

Einem Kinde von 2. biß 6. Jahr alt/ giebt man 1. 2. biß 3. Tropfen ein/ in etliche Löffel voll Trincken/ 21. Tage lang.

Für ein Kind/ von 6. biß 10. Jahr alt/ vermischt von solchem *Spiritu* 1. Qventl. unter ein Nößel rothen Wein/ und gebet ihm davon alle Morgen nüchtern/ ohngefehr 4. Loth/ 8. Tage lang ein/ wiederhohlet es/ biß die 21. Tage üm sind.

Aus: L. Christoph Hellwig, Teutsch-Medicinisches Receptbuch...
vor die meisten Kranckheiten der Mannes=Personen,
Frankfurt, 1715

seinem Buch *Land und Leute* von 1853 anmerkt. Dabei befanden sich die Rheingauer Hebammen in bester Gesellschaft, weil in einer gewissen hellenistischen Tradition. Heißt es doch in der *Ilias:* «Oftmals hast du das Kleid mir vorn am Busen befeuchtet, Wein aus dem Munde verschüttend in unbehilflicher Kindheit» (IX, 490). In der Tat galt in Griechenland der Wein als gebräuchliches Beruhigungsmittel für Kinder, was der Hervorbringung des Demokratiemodells aber offensichtlich nicht hinderlich war.

DIE RHEINGAUER
WEINKUR

In diesen weinfreudigen Jahrhunderten forschen die Ärzte ungehindert nach den heilsamen Wirkungen des Weines, auch wenn sie selten den Hinweis auf einen maßvollen Gebrauch unterdrücken können. Kein Wunder, der feinsinnige Unterschied zwischen Betern und Sündern war noch nicht erfunden. Die Maße, die sie anzugeben pflegen, sind allerdings vieldeutig und schwanken so heftig wie die Schritte derer, die sich an die jeweiligen Obergrenzen heranzutrinken versuchen.

Eine wirklich große Zeit der Weintherapeuten ist das 18. und auch noch das 19. Jahrhundert. Einer der bemerkenswerten unter ihnen ist Friedrich Hoffmann (1660 bis 1742), der Leibarzt der preußischen Könige Friedrich I. und Friedrich Wilhelm I., der eingangs schon erwähnt wurde. Er war Gründer der medizinischen Fakultät in Halle und eben auch der Erfinder, neben vielen anderen Mittelchen, der heute noch bekannten und nach ihm benannten Tropfen gegen Ohnmachtsanfälle, der «Hoffmannstropfen». Hoffmann trug einen gewichtigen Teil dazu bei, die medizinische Bedeutung des Rheingauer Weines noch bekannter zu machen, als dies seit dem späten Mittelalter ohnedies schon der Fall war. Blättert man heute in seinen Gesundheitsratgebern, dann verwundert es, daß an keiner Stelle des weiten Rheingaus seiner großen Taten mit einem Denkmal gedacht wird.

Der Professor für Allgemeinmedizin, Pharmakologe und Fachmann für Innere Krankheiten schätzte die Heilwirkung des Rheingauer Weines in einem solchen Maße, daß er 1703 die Dissertation *De natura et praestantia vini Rhenani* des

Unſer Rheinwein aber/ iſt der Natur des Menſchen ſehr gemäß/ und jeglichen angenehm. Er öffnet den Leib/ und treibet mit Verwunderung durch den Urin und Schweiß; indem er zugleich diejenige Theile / ſo er zu einem Auswurff derer Unreinigkeiten des Leibes erfriſchet / kräfftiglich ſtärcket/und in ihnen Tono erhält: Daß wenn alle Menſchen die fürtrefflichen Tugenden dieſer unſchätzbahren Præſervativ Artzney verſtünden / gar viel unnütze Büchſen deren Syrupköche unausgeleeret bleiben würden.

Aus: Sentiment – Von Fürtrefflichkeit, Unterschied, Nutzen und Wirkungen Des Rhein=Weines, *Magdeburg, 1709*

Johannes Valentin Kauppers annahm, der in innigem Einverständnis mit seinem Doktorvater eine mehrwöchige Kur zur Blutauffrischung mit Rheingauer Wein beschrieb und den traditionellen Besuchern der Heilbäder als wirksame Alternative empfahl. Diese Kur nahm bei täglich anderthalb Litern Wein ihren Ausgang – nicht mehr als der arrivierte Geheimrat Goethe (1749 bis 1832) als tägliches Quantum zu sich zu nehmen pflegte – und wurde stetig bis auf die Dosis von über sechs Litern täglich gesteigert.

In der festen Annahme, daß kaum ein Kassenpatient je wieder in den Genuß einer Verordnung für eine solche Kur gelangen wird, sei als wehmütiger Rückblick und zur Ehre dieses weinseligen Arztes der Wortlaut im Originaldruck der deutschen Ausgabe mitgeteilt, die unter dem Titel *Sentiment Von Fürtrefflichkeit / Unterscheid / Nutzen und Wirckung Des Rhein=Weines* nur wenige Jahre später in Magdeburg erschien.

Niemand muß sich von den einführenden Worten über den «mässigen» Gebrauch dieses «Heilmittels» abschrecken

Der Leibarzt der Preußenkönige Friedrich I.
und Friedrich Wilhelm I., Professor Friedrich Hoffmann,
betreute 1703 diese lateinisch verfaßte *Dissertation*
von Johannes Valentin Kaupers als Doktorvater,
in der Rheingauer Wein zum Kurmittel erklärt wird.

19 ℓ³·185.

DISSERTATIO PHYSICO-MEDICA
De
NATURA ET
PRÆSTANTIA VINI
RHENANI IN MEDICINA,
Quam
AUSPICE DEO
IN ILLUSTRI FRIDERICIANA
RECTORE MAGNIFICENTISSIMO
SERENISSIMO PRINCIPE AC DOMINO,
DN.
FRIDERICO WILHELMO,
REGNI BORUSSICI ET ELECTORATUS BRAN-
DENBURGICI HÆREDE, ETC. ETC.
PRÆSIDE
Dn. FRIDERICO HOFFMANNO
Medicinæ & Philof. Nat. Prof. Publ. Ordinario,
Potentiff. Regis Boruff. Confiliario & Archiatro,
Patrono fuo æternum colendo,
PRO GRADU DOCTORALI
Summisque in Medicina Privilegiis rite impetrandis,
ad d. XIIX. Maj. MDCCIII. horis ante- & pomeridianis
IN AUDITORIO MAJORI
Eruditorum disquifitioni publicæ fubmittit
JOANNES VALENTINUS KAUPPERS,
Medicus Caftrenfis in Exercitu Cæfareo.

Typis CHRISTOPH ANDREÆ ZEITLERI, Acad. Typogr.

Im Rheingau und seinem Hinterland rochen sogar die Mineralquellen
nach Wein, wie der berühmte «Weinbrunnen» im heutigen Bad
Schwalbach. Mit seinem Wasser eine «Wein-Kur» zu beginnen,
brachte dem eingefleischten Weinliebhaber nur geringe Not.
Über die Heilwirkungen dieser Quelle hatte auch Friedrich Hoffmann,
wie ein Jahrhundert zuvor schon der berühmte Tabernaemontanus,
ein Gutachten angefertigt.

Kurzer
doch gründlicher Bericht:
vom
Sauerwasser
aus dem
von undenklichen Jahren her
weit und sehr berühmten
Haupt = Cur=
oder sogenannten
Weinbrunnen
in Langenschwalbach,

wie derselbe
zur Erhaltung der Gesundheit, auch Heilung und
Abwendung vieler sonst unheilbaren Krankheiten, nach
eines jeden Constitution, entweder kalt oder
laulichtwarm gemacht, zu trinken;
auch
wie von dem Brodelbrunnen allein,
oder mit dem Schlangenbad vermischt,
nützliche Badcur zu halten.

Aus aller solcher benachbarten Brunnenkündiger
Aerzte, insbesondere aus vieljähriger bewährter
und vernünftiger Erfahrung,
von
D. D. T. Tabernämontani, L. Horneks, H. Dieterici,
J. D. Horst, J. G. Geilfuß, E. Melchiors, G. C. Möllers,
J. B. Gladbachs, B. Nieß, L. C. Guckelins, N. M. Wil-
helmi, P. C. Colonii, H. Hofmann, J H. Cor-
dilucius, J. H. Zückert, E. A. Nicolai,
auch des Orts Documenten abermals publicirt.

Wiesbaden,
gedruckt mit Frenischen Schriften, 1788.

70

lassen, da Hoffmann, wie auch sein Schüler Kauppers, ein Unmaß an Mäßigkeit verabscheuten. Unter Punkt sieben der Kurregeln werden die richtigen Maßverhältnisse beim Namen genannt. Daß in den ersten acht Tagen ein Teil des Kurweines mit dem Wasser aus dem «Schwallbacher Sauer-Brunnen» vermischt getrunken werden sollte, fanden selbst Weinliebhaber als erträgliche Startbedingung. Wegen der geruchlichen Eigenart dieser Mineralquelle wurde sie seit Menschengedenken «Aqua vinaria», «Weinbrunnen», genannt, wie schon ein gewisser Paulus Wendroth in seiner *Hessischen Chronik* von 1552 bezeugt haben soll. Zudem sollte der «Rest» von drei bis vier Litern des täglichen Kurweines, auf jeden Fall aber «ein wenig mehr als der Durst erfordert», ungemischt getrunken werden. Unter Punkt vier folgt schließlich die Beschreibung der idealen Umstände, unter denen diese weinreiche Veranstaltung zur Pflege der Gesundheit besonderen Erfolg versprach: «Die Cur wird an einem lustigen Orte angestellet, da man sich durch viele angenehme Objecta, derer Domestiquen Sorgen entschlagen kan.»

Das kleine Regelwerk beginnt allerdings mit dem wichtigen Grundstoff zur Kur, der *Materia,* einem guten und alten Rheinwein eben, dessen Lagenamen und Qualitäten in den vorausgehenden Kapiteln ausführlich vorgestellt werden. Unter den besonders geeigneten Weinen nennt die Studie neben den Hochheimern und Rüdesheimern «die Johannisberger, Marcobrunner, Erbacher, Hattenheimer, Rauen-Thaler und Neuen-Dorfer» (das heutige Martinsthal) und gibt ihnen die erste Priorität. Dann werden die Weine «der zweiten Priorität» aufgezählt. Diese Unterscheidung diente weniger einer unterschiedlichen Verordnungspraxis für Privat- und Kassenpatienten, wie man aus heutiger Sicht vermuten könnte, als vielmehr dem erzieherischen Zwecke, die Winzer dieser Orte anzuspornen, eine gewisse medizinische Schwäche ihrer Lagen durch zweifelsfreie Qualität und Reinheit auszugleichen: «Die zu Geißenheim, Winckel, Ehlfeldt (= Eltville), Östrig, Ober- und Unterwaleff (= Walluf) gebaut werden, seynd auch

Unter diesem Titel erschien im Jahre 1709 die von Hoffmann angenommene Doktorarbeit über die Kur mit Rheingauer Wein auch in deutscher Sprache.

SENTIMENT
Von
Fürtrefflichkeit / Unterscheid /
Nutzen und Wirckungen
Des
Rhein = Weins /
Nebst einer
METHODE,
Wie selbiger in allen Krandheiten / zum kräff-
tigsten Præservativ, an statt warmer Bäder und
Sauerbrunnen / zu gebrauchen sey:
Und
Einem Anhange
Unterschiedener annoch unbekannter
Wein=Künste.

Magdeburg /
Bey Joachim Wollersdorff / Buchhändl. 1709.

Ich will dahero/ zu täglichen Ge=
brauch/ einen jeglichen rahten/ solchen
mässig zu geniessen. Denenjenigen
aber welche sonst gewohnet seynd sich
warmer Bäder und Sauer=Brün=
nen zu bedienen/ will ich nach Anlei=
tung eines hochgepriesenen Königlich
Preussischen Medici xc. eine kurtze Me=
thode vorschreiben/ wie sie an statt de=
rer Mineralischen Wasser / sich des
Rheinweins gebrauchen mögen.

1. Ist ein alter und wohl=temperir=
ter Rheinwein/ zu dieser Wein=Cur
zu erwehlen.

2. Denen vollblühtigen/ so sich zu
dieser Cur begeben/ ist nöhtig vorher
zur Ader zu lassen/ und diejenigen/ so
viel Schleim und Unreinigkeiten in
denen

(*Aus:* Sentiment – Von Fürtrefflichkeit, Unterschied, Nutzen und
Wirkungen Des Rhein=Weines, *Magdeburg, 1709, Seite 32*

73

denen Gedärmen haben / auch zur
Hartleibigkeit incliniren/können vorher ein gelindes Laxans zu sich nehmē.

3. So lange als diese Cur wahret/
enthält man sich alles andern Geträncks / absonderlich des Brandweins. Es werden auch wohl zu
verdauende Speisen erwehlet/welche
nicht sehr gewürtzet seyn müssen.

4. Die Cur wird an einem lustigen
Orte angestellet / da man sich durch
viele angenehme Objecta , derer Domestiquen Sorgen entschlagen kan.

5. Wenn man bey anhaltender
Cur / eine überflüssige Hitze spühren
solte / oder der Schlaff verhindert
würde ; wird der Wein jedesmahl
mit Schwallbacher Saurbrunn vermischet.

6. Weñ sich nach öfftern Gebrauch
des Weins der Leib verschlösse / wird
solcher durch gekochte Pflaumen/
Borßdorffer Apffel/abgekochte kleine

C   Ro-

(Aus: Sentiment – Von Fürtrefflichkeit, Unterschied, Nutzen und
Wirkungen Des Rhein=Weines, *Magdeburg, 1709, Seite 33*

34

Rosienen und Feigen / mit welchen man ein wenig præparirten Salpeter nehmen kan/ eröffnet.

7. Und endlich wird diese Cur gantzer 5. Wochen lang / zu Frühlings- oder Herbst-Zeit angefangen: Da man denn in denen ersten 8. Tagen/des Morgens 8. Uhr/jedesmahl ein Nösel Rheinwein/ mit 1. Nösel Schwallbacher Sauer-Brunnen vermischet/ geneusset. Bey der Mittags-Mahlzeit aber / wird der Wein den Durst sattsamlich zu stillen/ und auch wohl noch ein wenig mehr als der Durst erfodert pur und unvermischet getruncken; jedoch also / daß er niemahls mit Eckel genossen / und zum wenigsten im Anfange/ des Tags über 2. biß 3. Maaß genommen / auch nach diesen 8. Tagen/ biß auf 4. a 5. Maaß zum höchsten gestiegen werde.

8. Zuletzt wird der Leib noch ein mahl gelinde laxiret: Die Glieder oder

(Aus: Sentiment – Von Fürtrefflichkeit, Unterschied, Nutzen und Wirkungen Des Rhein=Weines, *Magdeburg, 1709, Seite 34*

oder Gelencke des Leibes werden öff-
ters mit Wein gewaschen ; und ist in
folgender Lebens-Art zu bemercken/
daß man sich für grober Essig-Säu-
re / sehr gesalßener und geräucherter
auch blehender Speise/ noch eine zeit-
lang hüten / und noch je zuweilen etwas guten Rheinwein bey der Mahl-
zeit trincken wolle. ꝛc.

Nachdem ich nun wie der Rheinwein als ein fürtrefflich Præservativ
zu nußen sey/sattsamlich bewiesen ha-
be/ will ich gleichfals zeigen/ wie selbi-
ger als ein bewehrtes Hülffs-Mittel
in vielen Kranckheiten und derer An-
füllen/zu gebrauchen sey.

Erstlich sehen wir / daß der Rhein-
Wein in Febribus malignis,vielen nußen schaffe: Denn gleichwie die Ma-
lignität eines Fiebers darinnen beste-
het/daß alle Kräffte des Leibes auf ein-
mahl wegfallen/ da das flüchtige Wesen des Blutes gleichsam unterdrü-

C 2   cket /

(Aus: Sentiment – Von Fürtrefflichkeit, Unterschied, Nutzen und
Wirkungen Des Rhein=Weines, *Magdeburg, 1709, Seite 35*

ihres besonderen Lobes würdig, sie kommen aber denen ob-
gemeldeten Rhinckauern bey weitem nicht bey.»

Wer nun der Versuchung nicht widerstehen kann, diese
Kur mit der geeigneten *Materia* aus dem Rheingau am eigenen Leibe und heutigentags nachzuvollziehen, dem seien
hilfsweise noch einmal die gültigen Maßstäbe genannt: Ein
«Maaß» entspricht der Menge von 1,69 Litern, ein «Nösel»
faßte etwa einen Liter.

Eigentlich hatte sich Hoffmann vor allem durch die medizinische Begutachtung von Heilbädern und Mineralwässern
hervorgetan. Auch dem Bad Schwalbacher «Weinbrunnen»
hatte er 1730 «einen reinen ätherischen, sich ausdehnenden
flüchtigen Spiritus» attestiert. Daß er statt einer Wasserkur
dann doch der «Rheingauer Weinkur» den Vorzug gab, war so
grundlos nicht, wie man heute weiß. Die wichtigen Vitamine
A, B und C sind fast regelmäßig – wenn auch nicht in über-
mäßigen Dosen – im Wein vorhanden. Auch was die körper-
wichtigen Mineralstoffe anbelangt, hält der Wein einem Vergleich mit den meisten Heilquellen recht gut stand.

Wein		Heilquelle
Kalium	500–2500	7,01
Kalzium	100–200	197,5
Magnesium	100–250	25,4
Mangan	0,03	0,02
Fluorid	0,002	0,28
Kupfer	0,008	—
Kobalt	0,00007	—
Zink	0,03	—
Molybdän	0,00008	—
Jod	0,0001	—

*Vergleichende Übersicht über Mineralstoffe und Spurenelemente im Wein und im
Heilquellenwasser (durchschnittl. mg/l)*

Aus: Dr. med. Dietrich Parade, Wein und Gesundheit; Beiträge zur
Weinkultur im Rheingau, *Eltville, 1989, S.12*

In seiner Dissertation *De usu vivi medico* von 1797
legte der Mediziner Theophil Andreas Burmester
gleich eine komplette und systematische
Weintherapie vor.

DE

VSV VINI MEDICO

DISSERTATIO INAVGVRALIS

QVAM

CONSENTIENTE

ILLVSTRI MEDICORVM ORDINE

PRO SVMMIS

IN VTRAQVE MEDICINA HONORIBVS

RITE OBTINENDIS

PVBLICE DEFENDET

*THEOPHILVS ANDREAS
BVRMESTER*
PERNAVO-LIVONVS

DIE XXVII. SEPT. MDCCXCVII.

GOTTINGAE
TYPIS H. M. GRAPE, ACAD. TYPOGR.

DER RHEINGAU,
EINE RIESIGE APOTHEKE

Johann Valentin Kauppers, der hoffnungsvolle Doktorand, berief sich bei dieser Weinkur auf Praxis und Anweisungen eines «hochgepriesenen Königlich Preussischen Medici», hinter dem wir getrost seinen Lehrer Hoffmann vermuten dürfen. Doch Hoffmann war keineswegs ein Einzelgänger unter den weinfreudigen preußischen Ärzten. Der Weinbau in der Mark Brandenburg hatte seine Blütezeit im 15. und 16. Jahrhundert und brachte es – zumindest was die Mengen angeht – zu erstaunlichen Ernteergebnissen. In A. W. Möhsens *Geschichte der Wissenschaft in der Mark Brandenburg, besonders der Arznei-Gelahrtheit* von 1840 wird beispielsweise von jenem Weinberg bei Tassendorf berichtet, der «jährlich bis zu 150 Tonnen Wein gab. Die Orte Biesenthal und Oderberg mussten ehedem 20 Tonnen weissen und 20 Tonnen rothen Wein an das Joachimsthalsche Gymnasium, für die Lehrer und Jugend liefern, und in der Neumark war Landwein wohlfeiler als das Krossener Bier.»

Doch der Niedergang des brandenburgischen Weinbaus, der neben klimatischen auch noch andere Ursachen hatte, beginnt Anfang des 18. Jahrhunderts. Als Friedrich der Große (1712 bis 1786) nach den schlesischen Kriegen im Jahre 1745 auf einem Weinbergshügel bei Potsdam von Knobelsdorff das Landschloß *Sanssouci* errichten läßt, gibt er Anweisung, dieses Stück Weinbautradition seines Landes sorgsam in die neue Gartenanlage zu integrieren. Noch heute sind die Terrassen von Weinstöcken und Feigen bestanden; letztere freilich überleben die Winter nur, weil sie von Glasfenstern geschützt werden.

79

Ärzte und Apotheker hatten über die Jahrhunderte mit dem einheimischen Gewächs hinreichend klinische Erfahrungen sammeln können. Unter medizinischen Gesichtspunkten waren sie freilich mit fliegenden Fahnen zum Rheinwein übergelaufen. Ihn verordneten sie als Medikament, und ihn trank auch ihr König. Die weinfreudige preußische Tradition wurde auch nach Hoffmann von gründlichen Ärzten fortgesetzt. Zu ihnen gehörte unter anderen jener Theophil Andreas Burmester, der in seiner Dissertation *De usu vini medico*, Göttingen, 1797 gleich eine komplette und systematische Weintherapie vorlegte. Auch er gab «unter den eher säuerlichen Weinen einem Rheinwein mittleren Alters den Vorzug, da in ihm die Säuren und das geistige Prinzip am besten miteinander verbunden sind».

Mit dem kritischen Blick für Neben- und Nachwirkungen des Medikamentes Rheinwein stellte auch der bedeutende Chemiker Justus Liebig (1803 bis 1873), guter pharmakologischer Tradition folgend, dem Rheingauer einen besonders problemlosen Beipackzettel aus: «Es ist kaum glaublich, welche Quantitäten Wein am Rhein von Individuen jedes Alters genossen werden ohne wahrnehmliche Nachteile für die Gesundheit des Geistes und Körpers; Gicht- und Steinkrankheiten sind nirgends seltener als in der von der Natur so bevorzugten Gegend des Rheingaues; in keiner Gegend Deutschlands haben die Apotheken verhältnismäßig einen so niederen Preis als in den reichen Städten des Rheins; denn der Wein gilt dort als die Universalarznei für Gesunde und Kranke, als die Milch für Greise.»

Fernab von den Ufern des Stromes war das so begehrte pharmakologische Produkt «Rheinwein» allerdings nicht immer leicht zu erhalten. Rheinwein wurde gestreckt, gepanscht und gefälscht, auch und gerade weil er als Medikament so begehrt war. Selbst in den großen europäischen Metropolen war auf die Angebote der Weinhändler nur selten Verlaß, wie durch einen Brief Ludwig van Beethovens (1770 bis 1827) überliefert ist. Wenige Wochen vor seinem Tod schlug er seinem Mainzer Verleger Schott noch ein kleines Geschäft auf Gegenseitigkeit vor. Um an das begehrte und unverfälschte Remedium zu kommen, zog er sogar eine Mitarbeit an der – von ihm wenig geliebten – Hauszeitschrift *Cäcilia* in Erwägung, die der Mainzer Musikverlag herausbrachte. Am 22. Februar 1827 schrieb Beethoven von Wien aus: «Nun komme ich aber mit einer sehr bedeutsamen Bitte: Mein Arzt verordnet mir sehr guten alten Rheinwein zu trinken. So etwas hier unverfälscht zu erhalten, ist um das teuerste Geld nicht möglich. Wenn ich also eine kleine Anzahl Bouteillen erhielte, dann würde ich Ihnen meine Dankbarkeit für die Cäcilia bezeugen.»

Auch wenn die augenfällige zeitliche Nähe von Brief und Todesdatum seines Verfassers dazu Anlaß geben könnte, soll an dieser Stelle nicht weiter darüber spekuliert werden, ob eine ausbleibende oder nur verspätete Lieferung des ersehnten Herzmittels aus Mainz ursächlich daran beteiligt war, daß der Komponist am 26. März des Jahres 1827 aus dem Leben schied. Die Apotheker jedenfalls, sofern sie nicht an den medizinreichen Ufern des Stromes wohnten, waren stets auf der Suche nach verläßlichen Quellen für unverfälschten Rheinwein, was ihr höheres Preisniveau, wie Liebig schon feststellte, freilich nur zum Teil berechtigt erscheinen läßt. Sie bedurften dieses edlen Grundstoffes auch für die Zubereitung zahlreicher Medizinalweine, die von den Ärzten ebenfalls gerne verschrieben wurden. Der *Vinum Chalybeatum,* der «Stahlwein», beispielsweise wurde zur Magen- und Darmstärkung und auch sonst Personen in schwächlicher Verfassung verordnet. Er enthielt veritable Eisenfeilspäne. Seine Zubereitung wird im *Dispensatorium* des Johann Hermann Pfingsten, dem *Deutschen Apothekenbuch,* aus dem Jahre 1795 beschrieben, das daneben die Rezepturen einer ganzen Reihe weiterer Medizinalweine enthält. Für diesen «Stahlwein» wurden rund 120 Gramm Eisenfeilspäne zusammen mit je 16 Gramm grobgestoßener Muskatblüte und Zimt mit anderthalb Liter Rheinwein übergossen, in einem verschlossenen Gefäß «dige-

«Zur Stärkung der Eingeweide» enthielt der «Stahlwein»
auf knapp anderthalb Liter Rheinwein
etwa 120 Gramm Eisenfeilspäne.
Wegen des hohen Anteiles an Muskat (16 Gramm = 1 Lot),
die neben der gleichen Menge Zimt beigefügt war,
hatte das Getränk bei höherer Dosierung
sehr wohl auch drogierende Wirkung.
Wegen dieser Wirkung ist Muskat zum Beispiel
in amerikanischen Gefängnissen verboten.

989.) Vicum Chalybeatum, Stahl-Wein.

Nehmet:

Eisenfeile, vier Unzen;

Zimmet,

Muskatenblüthe, von jedem ein Loth; gröblicht zerstoßen werden sie gemischt, und begoßen mit

Rheinwein, acht und vierzig Unzen; sie werden einen Monat lang unter öfterem Umrühren in einem verschloßenen Gefäß digeriert, und hernach durchgeseihet.

Zur Stärkung der Eingeweide, die den Nahrungssaft zubereiten, wird er schaalenweis getrunken.

Aus: Johann Hermann Pfingsten, Deutsches Dispensatorium, *Frankfurt und Leipzig, 1795*

riert» und nach einem Monat grob abgefiltert. Auch mit diesem Remedium war eine regelrechte Kur durchzuführen, und der Patient sollte diesen Medizinalwein gleich «schaalenweis» trinken, wie es in der Anweisung heißt.

Überall, wo der Wein wuchs, nahmen Ärzte und Apotheker ihn bereitwillig in Dienst und erweiterten fleißig ihr Angebot. Unter ihren Medizinalweinen mag uns der «Vipernwein» als einer der merkwürdigsten erscheinen: ein Rotwein, in dem zuvor eine Viper ertränkt worden war. Man schrieb ihm rei-

Nach seinem *Frauenzimmer-Apotheckchen* legte
der Erfurter Arzt Christoph Hellwig 1715
dieses Buch über Männermedizin vor,
in dem er sich allerdings nicht ausschließlich
mit sexualmedizinischen Themen befaßte.
Er gibt darin auch Rezepte gegen Zahnschmerzen,
Magenblähungen und Wassersucht.

L. CHRISTOPH. HELLWIGS, Pract. Erff.
auserlesenes
Teutsch-Medicinisches

Recept-Buch,

Worinnen
die heilsamsten und approbirtesten

Artzeney-Mittel

vor die meisten

Franckheiten

der

Mannes-Personen,

Welche so wohl Ledige als Verehligte / ab=
sonderlich aber Gelehrte / Künstler und Hand=
wercker/welche viel sitzen müssen/ betreffen/
aus berühmter MEDICORUM Schrifften/
theils auch aus eigner PRAXI zusammen getragen/ und
auf begehren mit nöthigen Registern zum Druck befördert.

Franckfurt und Leipzig/
In Verlegung Ernst Ludwig Niedtens/ Buchhändl.
in Arnstadt/ 1715.

83

Mit seinem Pamphlet *Grausame Medicinische Mord=Mittel*
startete der Arzt Jan Abraham Gehema im Jahre 1688
einen Angriff auf fast alle geläufigen
medizinischen Behandlungsmethoden.
Er polemisierte nicht nur gegen
Aderlaß und Klistiere, sondern auch
gegen den Rhein-Wein als «Hertzstärckung».

Grausame
Medicinische
Mord=Mittel/

Aderlasse/ Schröpffen/Purgiren/Clistiren/Juleppen/und Ohnmacht=machende Hertzstärckungen/

Wodurch

Unbedachtsame Geneß = und Heilmeister (nicht rechtschaffene Practici) so viel tausend unschuldige Menschen jämmerlich vom Leben zum Tode helffen.

Stellet allen vernünfftigen Leuten gewissenhafftig für Augen

Janus Abrahamus à Gehema,
Eques, Med. Doct.

Phædrus lib. 3. fab. 10.
Exploranda est veritas, multum prius,
Quàm stulta pravè judicet sententia.

Brehmen/
Gedruckt im Jahr Christi 1688.

nigende Wirkung zu, und er galt als ein nachhaltiges Heilmittel gegen Lepra. In seinem *Teutsch-Medicinischen Receptbuch vor die meisten Kranckheiten der Mannes-Personen* aus dem Jahre 1715 verordnete der Erfurter Arzt Christoph Hellwig «Vipern oder Schlangen-Fleisch und Wein / ohne Kopf / Schwanz / Galle und Eingeweide» auch als Mittel gegen die «Frantzosen-Kranckheit», während er gedorrte und pulverisierte rote Schnecken in Weißwein als vorzügliches Mittel bei Leistenbruch empfahl.

Nun soll anderseits nicht unterschlagen werden, daß diese Hochschätzung des berühmten «Hertz-Mittels» Rheinwein auch Widerspruch erfuhr. In seinem Buch *Grausame Medicinische Mord-Mittel* von 1688 führte der Berliner Arzt Jan Abraham von Gehema (um 1662 bis 1700) förmlich einen Rundumschlag gegen die Mehrzahl der damals geläufigen Heilmittel und Behandlungsmethoden. Der polnische Edelmann, der sich nach einer Offizierslaufbahn schließlich der Medizin zugewandt hatte und ohne großen Erfolg die ärztliche Betreuung des preußischen Militärs zu reformieren suchte, war ohnedies der Meinung, daß warmes Wasser das heilsamste aller Getränke sei. Er wetterte nicht nur gegen Aderlaß und Purgiermittel, sondern polemisierte auch gegen den medizinischen Einsatz des Rheinweines. «Daß man die in Ohnmacht gefallenen Patienten offtmahls mit Rheinischem Wein erquicke», hält er nicht nur für falsch, sondern nachgerade für schädlich. Auf Seite 69 seiner Abhandlung schmäht er das hochgeschätzte Präparat sogar als «halbverschimmelte und meist verrauchte lächerliche so genannte Hertzstärkung».

Das konnte nicht unwidersprochen bleiben. Schon im folgenden Jahr bot ihm der Stuttgarter Medicus Melchior Friedrich Geuder die Stirn. Er nannte sein Gegenpamphlet *Heilsame Medicinische Lebensmittel, Denen grausamen Medicinischen Mord-Mitteln Herrn D. Jan. Abrah. a Gehema Entgegen gesetzt,* Stuttgart 1689. Unter Hinweis auf die Arbeiten seines Göttinger Lehrers, Professor Jacob Camerarius, schilt er sei-

Mit seiner Gegenschrift *Heilsame Medicinische Lebens-Mittel*
antwortete der Stuttgarter Arzt Melchior Friedrich Geuder
schon im folgenden Jahr 1689 auf Gehemas Pamphlet.
Er verteidigt darin auch das Herzmittel «Rheinwein».

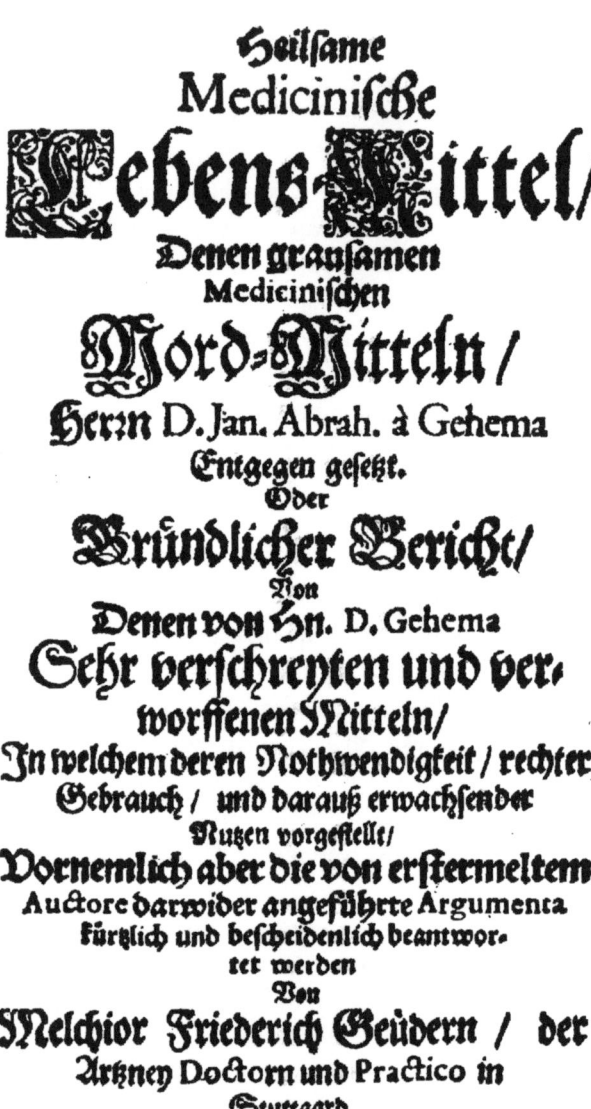

Heilsame
Medicinische
Lebens-Mittel/
Denen grausamen
Medicinischen
Mord-Mitteln/
Herrn D. Jan. Abrah. à Gehema
Entgegen gesetzt.
Oder
Gründlicher Bericht/
Von
Denen von Hn. D. Gehema
Sehr verschreyten und ver-
worffenen Mitteln/
In welchem deren Nothwendigkeit / rechter
Gebrauch / und darauß erwachsender
Nutzen vorgestellt/
Vornemlich aber die von erstermeltem
Auctore darwider angeführte Argumenta
kürtzlich und bescheidenlich beantwor-
tet werden
Von
Melchior Friederich Geüdern / der
Artzney Doctorn und Practico in
Stuttgard.
Ulm/ In Verlag Georg Wilhelm Kühn/1689.

86

nen medizinischen Kontrahenten Gehema «übler Schmäh-
reden» ohne Beweiskraft. Er rät im Gegenzug, weiter an
dem alten Herzstärkungsmittel Rheinwein festzuhalten, da
Gehema einschlägige medizinische Fachliteratur lästerlicher-
weise unterschlagen habe, «also in seinem prächtigen und
hitzigen Titul mehr verspricht, als er zu halten gesonnen
gewesen».

Als universales Hausmittel – vor allem bei Fieberanfällen –
hatte sich der Wein so fest eingebürgert, daß der steyrische
Stadtarzt Johann Christoph Bitterkraut darin sogar eine der
Ursachen für den gemeinhin schlechten Ruf der zeitgenössi-
chen Ärzteschaft sah. In seinen *Wehmütigen Klag-Thränen der
löblichen höchst-beträngten Artzey-Kunst* aus dem Jahre 1677
schiebt er die Rufschädigung vor allem auf die «ungebärtigen
Weiber», die den Kranken «in Abwesenheit des Medici, und
dessen Befehl zu wider» mit solchen Mengen von Wein
versorgten, daß sie «stark zu phantasieren beginnen» und
dem Tod nahekommen. Zu allem Ärger würden solche Pfle-
gerinnen dann auch noch «vor gescheide, rathsame Frauen
gehalten».

Aber die Menschen lassen sich nicht irremachen und bleiben angesichts der schlechten ärztlichen Versorgung bei der
über die Jahrhunderte bewährten Selbstmedikation mit Wein.
Der bekannte Schweizer Arzt Simon André Tissot (1728 bis
1797) findet diese Praxis auch hundert Jahre später noch unter seiner bäuerlichen Klientel rund um den Genfersee ungebrochen vor. In seinem *Gemeinnützlichen und sehr bewährten
Haus-Arzney-Buch,* das man seit 1772 in fast jedem deutschen
Pfarr- und Herrenhaus antrifft, stellt er mit Bestürzung fest:
«Ein gesunder Mensch würde unfehlbar in ein Entzündungs-
fieber verfallen, wenn er eine gleiche Menge von Wein, Theriac oder Falltrank zu sich nehmen würde, welche ein Bauer
zuweilen einnimmt, wenn er schon von einer solchen Krankheit überfallen ist.»

Dies aber war kein grundsätzliches Votum gegen die Weinmedizin, wie es den Anschein haben könnte. Im Gegenteil.

Auch der Erfinder der These von der «gehirnerweichenden» Wirkung
der Onanie, der Schweizer Arzt Simon André Tissot,
geißelte die «Weinmedizin», die sich im 18. Jahrhundert
als Selbsttherapie in der Bevölkerung längst
einen festen Platz erobert hatte.
Aber selbst Tissot kommt in zahlreichen Fällen nicht
ohne das Medikament Wein aus.

Herrn S. A. D. Tissot,

der Arzneykunst Doctor, und öffentlichen Lehrers in Lausanne, dann
Mitglied verschiedener Gesellschaften und Akademien,

Anleitung
für das Landvolk

in Absicht auf seine Gesundheit,

Oder:

Gemeinnützliches und sehr bewährtes

Haus-Arzney-Buch,

besonders

für das Volk auf dem Lande,

Wie man sich bey grassirenden und an-
steckenden Krankheiten, als Hitzigen - Faulen-
Bösartigen - und Wechsel - Fiebern zu
verhalten.

Aus dem Französischen übersetzt
durch

H. C. Hirzel,
Med. Doct. &c.

Neueste, mit allen Zusäzen,
und dem Register über das ganze Werk,
vermehrte Auflage.

Augsburg und Innsbruck,
Im Verlag bey Joseph Wolff. 1772.
Mit Röm. Kaiserl. allergnädigster Freyheit.

88

Im Rezeptbuch dieses Schweizer Volksaufklärers findet sich immerhin eine ganze Reihe von Zubereitungsvorschriften für «Volksmedicamente», die ohne Wein nicht zu haben waren. Selbst bei der Behandlung der Gehirnerschütterung konnte Tissot auf den Wein nicht verzichten. Bei solchen Vorfällen empfahl er, den Kopf gründlich mit Wein und Wasser einzureiben. Aber – auch das soll der Vollständigkeit hinzugefügt werden – dieser «Schweizer Aufklärer» ist derselbe Tissot, der in seiner Doktorarbeit die These von der gehirnerweichenden Wirkung der sexuellen Selbstbefriedigung in die Welt setzte, die über zwei Jahrhunderte hinweg durch Medizin und Pädagogik geisterte und unzählige junge Menschen in Angst und Schrecken hielt.

Schon zehn Jahre nach dem Tod
des schottischen «Weintherapeuten» John Brown erschien
in Deutschland dieses Buch über seine *Heilmittel-Lehre,*
in der Wein eine zentrale Rolle spielt.
Gerade in der frühromantischen Zeit fand Brown unter den
deutschen Ärzten viele Anhänger.

PHARMACOLOGIA
BROWNIANA

———

oder

HANDBUCH

der

einfachsten und wirksamsten

HEILMITTEL

mit

Klinischen Bemerkungen

im Geiste

der geläuterten neuen Arzneilehre.

———

Verlorne Kräfte ersezt, matte stärkt, überwiegende schwächt
und bändigt die Menschennatur durch Herbeiführung
und Afsimilation solcher oder entgegengesezter Kräfte
aus den niedern Reichen.

Herder.

Stuttgardiæ, 1798.
In Officina libraria Erhardiana.

90

DAS WEINFASS
IM ARZNEISCHRANK

Den letzten großen Aufschwung nimmt die Weintherapie durch den schottischen Arzt John Brown (1735 bis 1788). Seine «Reizlehre», in der gerade der Wein eine zentrale Rolle spielt, findet vor allem in Deutschland eine große Anhängerschaft und beeinflußt die medizinische Praxis bis in die erste Hälfte des 19. Jahrhunderts. Was seinen persönlichen Umgang mit derlei alkoholischen Kreszenzen betrifft, sagt man ihm einen ähnlich ausschweifenden Gebrauch nach, wie man das von Paracelsus berichtet. Dennoch war auch er bald von zahlreichen Schülern umgeben, die seiner medizinischen Lehre in aller Welt zu großem Erfolg verhalfen.

Nach Brown beruht das Leben auf dem Prinzip der «Erregung». Gesundheit entsprach einem mittleren Grad von Erregung, während Krankheit ein Zuviel oder ein Zuwenig davon signalisiert. Da die meisten der Krankheiten nach seiner Lehrauffassung ihre Ursache in mangelnder Erregung hatten, also *asthenisch* waren, mußten sie mit stimulierenden, *sthenischen* Medikamenten behandelt werden. Und unter die *sthenischen* Mittel rechnete Brown in erster Linie den Wein. Patienten mit inneren Krankheiten therapierte man nach Brown, indem an ihnen innerhalb von 24 Stunden zwei bis drei Flaschen schweren Rheinwein, eine halbe Flasche Champagner und einen halben Schoppen Cognac zu trinken gab.

Die Browniner wurden zu wahren Weinverfechtern und Weintherapeuten. Einer von Browns Anhängern, Professor Horn (1774 bis 1848) aus Halle, nannte in seinem 1803 erschienenen *Handbuch der praktischen Arzneimittellehre* den

Wein gar das wirksamste Arzneimittel überhaupt. Zu den extremsten deutschen Vertretern der Brownschen Reizlehre gehörten Mediziner wie Andreas Röschlaub (1768 bis 1835) oder der Tübinger Professor Theodor von Jürgensen (1840 bis 1907). Eine der wichtigsten und ausführlichsten Darstellungen dieser Weintherapie gab Eduard Leopold Löbenstein-Löbel (1779 bis 1819) in seinem Buch *Die Anwendung der Weine in lebensgefährlichen Krankheiten*. Die praktischen Ärzte hielten sich an arzneiwissenschaftliche Handbücher wie die *Pharmacologia Browniana* von 1798, in der über das Medikament Wein unter anderem zu lesen stand:

Reiner Wein ist in den Händen eines einsichtsvollen Arztes eines von den *besten* und *kräftigsten reizenden Mitteln*, welche Kunst oder Natur darbieten können.

Aus: Pharmacologia Browniana, *Stuttgart, 1798*

Browns Lehre zeitigte bis weit in das 19. Jahrhundert bacchantische Folgen bei der Behandlung von Kranken, die man mit erstaunlichen Wein- und Champagnergaben bisweilen über Wochen in alkoholischen Dämmerschlaf versetzte. Fallbeispiele schildert der Arzt Adolf Baer in seiner 1878 erschienenen Studie *Der Alcoholismus*. Darin berichtet er, wie französische Ärzte während des Krieges von 1870/71 das Wundfieber der Soldaten mit täglich drei bis vier Flaschen eines Gemisches aus Sherry und Champagner behandelten. Auch der deutsche Militärarzt Lücke therapierte in einem Lazarett bei Darmstadt seine Verwundeten mit Cognac, Portwein und Champagner.

Doch solche Kuren waren nicht nur beim Militär beliebt und in Gebrauch. Zivilisten mußten da keineswegs abseits stehen. Auch sie kamen in den Genuß solcher Intensivbehandlungen. Bezogen auf die jeweiligen therapeutischen

Eigenschaften, wurden bestimmte Weine bei speziellen medizinischen Indikationen ausgewählt. In der Alltagspraxis verordnete man Rotweine vorwiegend bei Durchfallerkrankungen, Weißweine zur Anregung der Nierenfunktion, Portwein bei akutem Fieber und bei Blutarmut, Burgunder bei Appetitlosigkeit, Champagner bei Übelkeit und grippalen Infekten. Den Rekonvaleszenten verschrieb man das Dreigestirn aus Burgunder, Portwein und Madeira. Auch in der Frauenheilkunde gelangte man zu schwindelerregenden Dosierungen. Zur Behandlung des «Pueralfiebers» setzte der französische Arzt Daret bei einer Gruppe von sieben Patientinnen beispielsweise sechs bis acht Liter warmen Cognac innerhalb von sechs Tagen ein. «Auch wurden in entsprechend großen Mengen schwere Weine verabreicht», zitiert Baer die französische Studie. Daß sechs der Patientinnen genasen, eine aber verschied, führte der behandelnde Arzt darauf zurück, daß bei «dem letal (= tödlich) verlaufenden Fall diese Medication erst auf der Höhe der Krankheit eingeleitet worden war». Also erneut ein Fall, bei dem zum Nachteil des Patienten die Weintherapie zu spät zum Zuge kam.

Dennoch ist bei diesen therapeutischen Konzepten deutlich zu erkennen, daß die von Pasteur ausgelöste Entmystifizierung des Weines längst ihre Früchte trägt. Baer, der sich selbst zum gemäßigten Lager der «Antialkoholiker» rechnet, spricht bereits nicht mehr vom komplexen Medikament Wein, er redet vorwiegend oder fast ausschließlich vom Alkohol und handelt die genannten Fälle im Kapitel «Alkohol ein Heilmittel» ab. Aus seiner eigenen Praxis verrät er uns: «Aus einer längeren Erfahrung bei Behandlung von Gefangenen in grossen Gefangen- und Strafanstalten kann ich den Alkohol als ein äußerst wirksames und häufig selbst als das allein wirksame Mittel bei allen fiebrigen Krankheitsprocessen von Gefangenen empfehlen.» Und er meinte damit keineswegs eine äußerliche Anwendung.

Die Zeit, in der man auf kaum einem Gebiet, das heute unter dem Begriff «Innere Medizin» zusammengefaßt wird,

Hans Christian Sarrazin ist einer der letzten deutschen Ärzte,
der seinen medizinischen Doktortitel mit einem Weinthema erwarb.
Später beschäftigte er sich vorwiegend mit den
Gesundheitsproblemen von Bergarbeitern an der Ruhr.

Aus dem Medizinhistorischen Institut der
Johannes Gutenberg-Universität Mainz
Direktor:
Professor Dr. med. Dr. phil. Dr. h.c. Paul Diepgen

Der Wein in der Therapie des 19. Jahrhunderts

Inaugural-Dissertation
zur
Erlangung der Doktorwürde
der
Hohen Medizinischen Fakultät
der
Johannes Gutenberg-Universität Mainz

Vorgelegt von Hans Christian Sarrazin
aus Recklinghausen

1952

den Wein nicht in irgendeiner Form angewendet hätte, geht ihrem Ende entgegen. Einen letzten Höhepunkt findet sie in dem englischen Arzneinachschlagewerk *Pharmacopoia of London,* dessen zweite Auflage im Jahre 1829 erschien und das den Rotwein noch unter den Injektionsmitteln führt. In welch ausgedehntem Maße der Wein vor allem im 18. und 19. Jahrhundert als Auszugsmittel, Geschmackskorrigens und in Verbindung mit anderen Arzneimitteln gebraucht wurde, läßt sich auch an einem großen deutschen Standardwerk der Arzneiwissenschaft des 19. Jahrhunderts ablesen. Die zweibändige *Pharmacopoea Universalis,* in den Jahren 1845 bis 1846 in Weimar erschienen, führt im Sachregister noch 221 Rezepte auf, die alle mit Wein zu tun haben oder mit Wein zubereitet wurden.

Einer der letzten Ärzte, der seinen «Dr. med.» mit einer Dissertation über die veritable Weinmedizin erlangte und damit seinem Familiennamen Ehre zu machen suchte, ist der Franke Engelhardt Keller. Im Jahre 1838 promovierte er an der Medizinischen Fakultät zu Würzburg mit der Inaugural-Abhandlung *Der Wein überhaupt und der Frankenwein insbesondere als Heilmittel betrachtet.* Auch später hat das Thema Weinmedizin viele Ärzte immer wieder angezogen. Mehr als hundert Jahre nach Engelhardt Keller wird ebenfalls eine medizinische Promotion in Deutschland noch mit dem Wein im Titel bestritten. Hans Christian Sarrazin (* 1914) aus Recklinghausen, der zuerst Germanistik, dann Medizin studierte und während der Kriegsjahre schon als Arzt praktiziert hatte, legte 1952 in Mainz eine 52seitige Arbeit vor mit dem Titel *Der Wein in der Therapie des 19. Jahrhunderts.* Wenn ihr Autor seine sympathische Beziehung zum Wein auch an keiner Stelle verbirgt, so dokumentiert er mit dieser sehr aufschlußreichen medizinhistorischen Abhandlung schließlich doch nur den Niedergang der praktischen Weinmedizin.

Angesichts der Popularität der Anti-Alkoholismusbewegung
veröffentlichte der Autor diese Schrift, ohne seinen Namen preiszugeben.
Die Broschüre *Wein ist Gesundheit* erschien um 1905 und versuchte
viele der in damaliger Zeit vorgebrachte Argumente gegen
den Wein mit medizinischen Fakten zu entkräften.
Der kenntnisreiche medizinische Anonymus plädierte
– wie nun auch wieder die modernen Ernährungswissenschaftler –
für einen moderaten Weingenuß.

Zur Anti-Alkoholbewegung.

Wein ist Gesundheit

eine Widerlegung der irrigen
Ansichten der Alkoholgegner,

auf Grund einer Reihe

Gutachten ärztlicher Autoritäten.

WEINKUR
FÜR DEN WALLUFER
GEMEINDEBULLEN

Zum Glück wandeln sich bisweilen die Zeiten gemächlich. Während Pasteur in Paris gerade das bakteriologische Geheimnis des vergorenen Rebensaftes lüftet, hat der Wein auch die letzten möglichen Plätze der Heilkunde erobert. Auch in der Veterinärmedizin, die in diesen Jahren als eigenständige wissenschaftliche Disziplin entsteht, vor allem aber in der alltäglichen Praxis der Bauern ist der Wein ein probates Mittel der Tierarznei. In Landwirtschaft und

Bei einer ganzen Reihe von Krankheitssymptomen, darunter die «Rindsdepression», behandelte man auch das Großvieh noch bis ins 19. Jahrhundert mit dem «Naturheilmittel» Wein.

Holzschnitt aus: L.V.C., Ritterliche Reutter Kunst, *Frankfurt, 1584*

Haushalt ist das Großvieh so wertvoll und lebenswichtig, daß man im Ernstfall niemals zögert, auch die wirksamen Mittel der zeitgenössischen Humanmedizin anzuwenden. Wenn es denn sein mußte, unterzog man noch bis zum Ende des 19. Jahrhunderts auch Pferde und Rinder einer veritablen Weinkur, wie beispielsweise durch eine Gemeinderechnung aus den Archiven des Rheingauer Weinortes Walluf belegt ist.

Unter dem Datum vom 20. November 1860 stellte Markus Lumb der Gemeinde Niederwalluf den Betrag von vier Gulden und sechs Kreuzern «über gelieferten Wein für den Erkrangten Gemeinde Bullen» in Rechnung, und die Bürger Roos und Rath bestätigten auf dem Dokument, daß sie in der Zeit vom 27. September bis zum 10. Oktober diesen Wein «dem Ochsen eingegeben» hatten, und zwar täglich ein und einen halben Schoppen.

Nicht überliefert ist uns allerdings, auf Grund welcher Diagnose dem Tier diese herbstliche Weinkur zuteil wurde. Setzt man voraus, daß die beiden Wallufer das vom Winzer Lumb gelieferte Naturheilmittel nicht heimlich zur eigenen Behandlung verwendet hatten, so bietet sich entsprechend der damaligen Praxis eine ganze Reihe von Symptomen an, bei denen die tägliche Flasche Wein im gemeindlichen Bullenstall angezeigt war. Beispielsweise gab man Wein zusammen mit der Wegwarte und roten Zwiebeln, um abgemagerten Tieren wieder auf die Beine zu helfen. Gegen Ruhr und Durchfall fügte man dem Wein «alten Käs» hinzu, wie es in einem anderen Rezept heißt. Harz, aufgelöst in Wein, galt als äußeres Anwendungsmittel, «wenn ein Thier läusig oder grindig» war, und zusammen mit grünen Schlehen diente der Wein als Abführmittel.

Aber, so darf man getrost vermuten, den beiden Niederwallufer Bürgern Martin Roos und Georg Rath, die sich um die Funktionstüchtigkeit des Gemeindebullens zu kümmern hatten, ging es um genau jenen Zweck, zu dem das Tier von der Gemeinde angestellt war. Was den Bullen quälte, war vermutlich jene Krankheit, die im schon erwähnten Haus-

Gemeinderechnung von Niederwalluf im Rheingau
aus dem Jahre 1860. Sie bezeugt, daß der Gemeindebulle in der Zeit
vom 27. September bis zum 10. Oktober 1860
einer veritablen Weinkur unterzogen wurde.
Er erhielt täglich eine Flasche Wein.

99

vaterbuch *Florini* als der «von den Frantzosen so genannter Rinds-Hammen» aufgeführt ist. Dabei handelte es sich um eine besondere Art von Lustlosigkeit, wie wir aus der Beschreibung des Krankheitsbildes erfahren, um eine akute «Rindsdepression», wie die Krankheit auch an anderer Stelle genannt wird, unter der das Tier gewissermaßen dienstuntauglich geworden war.

Für einen solchen Fall hielt das fünfte Buch des *Florini* folgenden Rat bereit: «Die Kenn-Zeichen dieser Krankheit sind diese: Es schaudert die Ochsen über den gantzen Leib, sie sind nicht so muthig und fröhlich, als vordem. Das Gesicht nimmt ab bey ihnen, sie henken den Kopf immerzu, gehen faul, und verdrossen daher, haben das Maul voller Geiffer und Speichel.» Wenn diese sehr ernstzunehmende Krankheit schon weit fortgeschritten ist, so meint der Autor, solle «man sich weiters deswegen keine Unkosten» mehr machen, «dieweil doch alle Artzney vergebens ist». In einem frühen Stadium freilich helfe hingegen nur eines: Wilde oder Meerzwiebeln in Stücke geschnitten, drei Unzen Melonenwurzel, dazu «noch drey Hand voll Saltz. Vermischt es alles miteinander, beitzt es zuletzt in anderthalb Mas guten starken Weins, und gebt dem Ochsen alle Tag etwas davon unter das Getränck, so kann er anfänglich noch errettet werden.»

Und da man sich im Rheingau selten mit «etwas» Wein zu begnügen pflegt, wurde gemäß der allgemeinen Regel, daß derjenige ein Verschwender ist, der mit einem guten Mittel sparsam umgeht, aus dem täglichen «etwas» nun einmal eine ganze Flasche.

Die letzten Weintherapeuten

Einer der letzten deutschen Weintherapeuten, der diesen Namen noch verdient, war der Arzt, Maler und Winzer Ferdinand von Heuss aus Bodenheim bei Mainz. In seiner medizinischen Studie über *Winzer und Weingesetz* aus dem Jahre 1906, einem wohlgewürzten Pamphlet gegen das damals vor der Abstimmung stehende 4. Reichs-Weingesetz, berichtet er nicht nur von einem kühnen medizinischen Selbstversuch, bei dem er im Jahre 1884 mit achtzig Flaschen Bodenheimer (Jahrgang 1868) erfolgreich seine Typhuserkrankung besiegt hatte. Er legt auch die Fallgeschichte jener Patientin vor, die an «septischer Gebärmutterentzündung» erkrankt und von seinen ärztlichen Kollegen bereits aufgegeben worden war. «Ich vertraute», schreibt Heuss, «auf den physiologischen Alkohol meiner 68er, 75er, 95er und 97er Jahrgänge.» Und mit 120 Flaschen dieser Kreszenz, innerhalb von drei Wochen verabreicht, brachte er in der Tat die todgeweihte Patientin wieder auf die Beine. Davon, daß sie, wie skeptische Leser vermuten würden, anschließend wegen eines Leberschadens hätte behandelt werden müssen, ist nicht die Rede.

In diesem leidenschaftlichen Plädoyer für einen unverfälschten Wein, das auch im Berliner Reichstag als «Nichtamtliche Drucksache» die Runde machte, zugleich aber auch in zahlreichen Versammlungen mit der einheimischen Winzerschaft wetterte Heuss vor allem gegen die Naßzuckerung der Weine und deren Aufspritung auf bis zu 20 % Alkohol. Beides sollte nach der neuen Vorlage für das vierte Weingesetz auch weiterhin erlaubt sein. Bei dieser so beliebten «Verbes-

Gerade weil er den Wein als Medikament einsetzte,
polemisierte der Bodenheimer Arzt, Maler und Winzer
Ferdinand von Heuss 1906 gegen das neue Weingesetz,
das den Winzern weiterhin Naßzuckerung
und Aufspritung mit Alkohol erlaubte.
Er nannte damals die Rheingauer Winzer «vorbildlich»,
weil sie begonnen hatten, mit dieser Tradition zu brechen
und wieder «Natur-Wein» produzierten.
Sein Pamphlet kursierte auch im Reichstag.

Videant consules!

―――

Eine zeitgemässe agrarisch-medizinische Studie über

Winzer und Weingesetz

verfasst im Interesse des durch das Weingesetz dem
Untergang geweihten reellen Winzers, des reellen
Weinhandels und zum Schutze des Konsumenten

von

Ferdinand v. Heuss,

Dr. med., Kgl. Bayer. Oberstabsarzt d. L. I
und Weingutsbesitzer zu Bodenheim a. Rh.

▨▨▨▨

Zweite, durchgesehene und vermehrte Auflage.

102

serung» durch Rüben- und Invertzucker, so argumentierte Heuss, nahmen die nichtphysiologischen Fuselalkohole aus dem vergorenen und weinuntypischen Rübenzucker (und ihrer linksdrehenden Moleküle) um mehr als ein Drittel zu. Da solche Fuselbestandteile *(Äthyl- und Amylalkohol)* als Zellgifte einzustufen seien, müsse man die Urheber solcher Weinverderbung unbedingt zur Rechenschaft ziehen.

In einem ausführlichen Exkurs beschreibt er bildreich den Unterschied zwischen einem «Naturweinrausch» und einem «Zuckerweinrausch». Diese wache Skizze von Beobachtungen eines medizinisch geschulten Auges über die unterschiedlichen psychischen und sozialen Wirkungen kann all jenen als praktische Handreichung empfohlen werden, die gerade im Begriffe sind, sich ein neues Stammlokal zu erwählen. Zurückgelehnt und bei einem ersten Glas, zugleich mit einem sorgfältigen Blick für die Folgen des ausgeschenkten Weines auf die schon länger Anwesenden, dürften sich nach den Beschreibungen des rheinhessischen Arztes Ferdinand von Heuss deutliche Rückschlüsse auf Qualität und Reinheit des vom Wirte ausgeschenkten Gewächses ziehen lassen:

Der «Rausch durch Naturwein», sagt Heuss, bringt den Menschen nur langsam in «erheiternde und behagliche Stimmung ... Endlich, je nach der Widerstandsfähigkeit seiner Individualität – den Himmel voll Bassgeigen –, glaubt er überall, wo er hinsieht und hinhört, nur das Anmutigste zu sehen und zu vernehmen; er gibt dann weiter seiner Umgebung Proben freundschaftlichster Zuneigung durch Versicherungen der Treue, Liebe und Verehrung; auf dem Höhepunkt der Situation angekommen, geht er zu Umarmungen, Küssen und Gelöbnissen problematischster Natur über, versucht noch mit letzter Kraft in gebundener Rede zu sprechen und schliesst dann mit lustig anzusehenden balanzierenden Körperbewegungen, die wohl auch mit Festhalten an Tisch und Stuhl munter abwechseln und ihn zum Niedersetzen zwingen und darauf in süssen Schlaf verfallend mit würdigem Anstand ab.»

Ganz anders der Rausch eines Weines, dessen Zuckeranteil bei der Gärung mit der künstlichen Süße von Rüben aufgeholfen wurde. Die üblichen Anfangssymptome stellen sich zwar etwas schneller ein, doch dann bekommen die Trinker «sehr bald roten Kopf, heisse Ohren, sind nur anfänglich etwas heiterer, verfallen aber sehr bald eher in das Gegenteil, werden stumpf und missgelaunt, nehmen leicht alles übel – trinken aber weiter und scheinen dann plötzlich doppelt erregt; sie disputieren sehr laut, und ihre Behauptungen tragen ebenso wie die sie begleitende Mimik etwas Vergewaltigendes an sich; sie werden in Worten und Bewegungen aggressiv, beleidigend und können nicht den leisesten Widerspruch mehr ertragen; durch Geringfügigkeiten geraten sie ausser sich, werden grob und ungeschlacht in ihren Bemerkungen und lassen sich wohl zu Tätlichkeiten und Brutalitäten hinreissen, welche oft in ganz unmotiviertes Zertrümmern von in der Nähe befindlichen Gegenständen – Gläser und Flaschen – ausarten; gewöhnliche Naturen fangen an zu raufen, greifen zum Messer und verfallen gebändigt dann oft ganz unvermittelt, wie nach einem maniakischen Anfall in einen totähnlichen von tiefen stöhnenden und oft röchelnden Atmungsgeräuschen begleiteten Schlaf, aus welchem von selbst oder gar durch andere erweckt sie von neuem zu randalieren und zu toben anfangen, bis sie den Missmut und Ärger der Umgebung erregend, vom Wirt oder Hausdiener hinausbefördert werden, um dann auf der Strasse weiter lärmend und schimpfend endlich oft unter Anwendung von viel Gewalt und Kraftaufwand von Nachtwächtern und Schutzleuten in Nummer Sicher gebracht zu werden.»

Nicht nur in sozialer, sondern auch in medizinischer Hinsicht kommt Heuss schließlich zu dem Schluß «Weinvorsorge ist Medizinvorsorge!», und er fordert seine rheinhessischen Mit-Winzer auf, es den Rheingauern nachzutun, die wieder zu einem «puristischen Weinbau» zurückgefunden hätten, wieder «naturreinen Wein» produzierten. Nur ein solcher Naturwein könne all seine heilenden Kräfte entfalten. «Ihr

Karl Graff war praktischer Arzt in Trarbach und er hatte sich
natürlich auf den Moselwein als Medikament spezialisiert.
Sein Rat: «In allen fieberhaften Krankheiten,
welche in gewissen Perioden den Gebrauch des Weines erheischen,
leisten die edelsten Sorten des Moselweines vortreffliche Dienste,
in dem er als gutes cardiacum wirkt.»
Neben dieser Schrift über *Den Moselwein als Getränk und Heilmittel*
von 1821, in der es um die harnsteinverhütende Wirkung
des Moselweines geht, veröffentlichte er 1848 die Abhandlung
Der Moselwein gegenüber der pestilentiellen Cholera.

Der Moselwein

als

Getränk und Heilmittel.

Nebst einem Anhange

über den Weinhandel an der Mosel.

Ein Versuch

von

Karl Graff,

der Arzneykunde und Wundarzneykunst Doctor, und praktischem Arzte
in Trarbach an der Mosel , Mitglied der Niederrheinischen Gesellschaft
für Natur = und Heilkunde zu Bonn.

werdet persönlich die Wahrheit und Bedeutung der Worte kennen lernen: Und wüssten wir, wo jemand traurig läge, wir gäben ihm den Wein – natürlich den Naturwein und unter Umständen recht viel».

Keine schriftlichen Zeugnisse seiner erfolgreichen Weintherapie hat uns der Assmannshäuser Arzt und Winzer Stephan Oellers (1832 bis 1908) hinterlassen. Auch er hielt wenig von Tropfen, Pulvern und Pillen. Er zog es vor, statt dessen Wein zu verschreiben, und zwar bei bestimmten Krankheiten den Wein bestimmter Lagen und spezieller Jahrgänge. Sein *Weinrezeptbüchlein,* von dem in der Region lange erzählt wurde, scheint jedoch ebenso verlorengegangen zu sein wie eine Abschrift, die der ortsansässige Apotheker davon angefertigt haben soll. Und so haben sich – zumeist in kleinen, aber hartnäckig tradierten Anekdoten – leider nur wenige seiner Verordnungen überliefert.

Oellers, der unter den Einheimischen nur «der Weindoktor» genannt wurde, bewirtschaftete ein mustergültiges Weingut. Nach einer ausführlichen Diagnose erschien er nicht selten am Krankenbett seiner Patienten mit einer unter medizinischen Gesichtspunkten sorgsam ausgewählten Flasche. Keineswegs kam sie immer aus seinem eigenen Keller. Er prüfte jedoch die Weine seiner Rheingauer Winzerkollegen zuvor auf Herz und Nieren, ehe er sie in seine Verordnungspraxis einbezog. Gegen Magenleiden verschrieb er beispielsweise den Assmannshäuser «Höllenberg», auf dem er selbst nicht eine einzige Rebe stehen hatte. Einen «Frankenthal» oder einen «Schloßberg» verschrieb er bei Erkältungen, und den Kiedricher «Gräfenberg» notierte er auf den Rezeptzettel von «Mißmutigen und Niedergeschlagenen». Besondere Erfolge bei «Hormonschwäche» soll er, wie eine der zahlreichen Anekdoten um den «Weindoktor» zu berichten weiß, mit einem 1856er Johannisberger «Kochsberg» erzielt haben. Von dem überaus zufriedenen Patienten wird die Dankadresse überliefert: «Herr Doktor, Sie glauben gar nicht, was Sie meiner Frau für eine Freude gemacht haben. Ich fühl' mich wie neugeboren. Schicken Sie mir noch en paar von dene Fläschelcher.»

Auf seine Weise wurde Oellers zu einer Art Volkserzieher, was in dieser Zeit – vorzugsweise bei Abstinenzlern – sehr in Mode gekommen war. Doch seine Weisheit bezog sich auf den Wein und dessen heilsame Wirkungen, was dem streng abstinenten nassauischen Landesherren übrigens gar nicht gefiel. Die Menschen in Oellers Umgebung tranken den Wein fortan mit mehr Bedacht. Neben der Absicht, die Neugier von Zunge und Gaumen zu bedienen, trafen sie jetzt auch eine Wahl, die zugleich ihrer Gesundheit zugute kam. Daß bei manchem seiner Patienten die Ermittlung des jeweils eigenen und individuellen Maßes mit mühsamen Experimenten verbunden war, veranlaßte den auch für seine Trinkfestigkeit bekannten Arzt immer wieder zu geduldigen Korrekturen am Trinkverhalten seiner Klientel. Eines Tages, so berichtet Hermann Jung in der *Neuen Apotheken Illustrierten* (1973, Heft 11), kam ein Patient zu ihm, der über böse Schmerzen im Leib klagte. Er habe es am Magen, sagte er. Oellers untersuchte ihn und fragte dabei, was er bisher gegen das Leiden getan habe. «Eine Wasserkur», entgegnete der Patient. Oellers schüttelte den Kopf: «Da habt Ihr es, wie könnt Ihr auch Wasser wie Wein trinken?» Und er verordnete ihm «Assmannshäuser Hinterkirch». Nach vier Wochen kam der Patient wieder und klagte, daß er keine Schmerzen mehr im Leib habe, jetzt aber stark unter Schwindelanfällen leide. Da erkundigte sich Oellers nach dem täglichen Weinquantum.

«Na», sagte der Patient, «so Stücker fünf Flaschen habe ich wohl am Tage vertilgt. Morgens eine, mittags eine und abends drei.» Und Oellers schüttelte abermals den Kopf: «Erst habt Ihr Wasser wie Wein getrunken, und jetzt trinkt Ihr Wein wie Wasser. Ihr müßt den goldenen Mittelweg wählen, sonst liegt Ihr bald auf dem Schragen, und die Leute sagen, ich hätte Euch auf dem Gewissen.»

Eine solche Medizin war gar nicht bitter und ging nur zu leicht über die Zunge. Wer «es mit dem Magen hatte», zog den milden Assmannshäuser vor, die Bleichsüchtigen und Appetitlosen wählten die Weine von Schloß Vollrads oder den Wein vom Johannisberg, während die Hypochonder den feurigen «Rüdesheimer Berg» zu ihrem Krankenpfleger machten, weil der sie wieder so richtig in Fahrt brachte. Oellers folgte damit einem Prinzip der alten japanischen Heilkunst, deren Vertreter ganz und gar nicht davon überzeugt waren, daß eine gute Medizin unbedingt auch «bitter» sein müsse. Schon die reisefreudigen Jesuitenpatres waren im 17. Jahrhundert von dieser japanischen Medizinerregel tief beeindruckt, wie man beispielsweise in Eberhard Werner Happels (1647 bis 1690) Werk *Größte Denkwürdigkeiten* von 1684 nachlesen kann. In dem Brief eines Jesuiten namens Almaida, in dem der seine Beobachtungen im Umgang mit japanischen Medikamenten für die heimischen Leser zusammenfaßt, heißt es: «Unsere Leute nehmen oftmals übelriechende und häßlich schmekkende Dinge zur Medizin, sie aber [die Japaner, Anm. des Verfassers] sehr liebliche und von einem guten Geruch. Sie sagen dazu, man müsse den Patienten Dinge geben, die ihnen angenehm und annoch die Natur verlangt, keineswegs aber solche, daran sie einen Abscheu und Ekel hat.» Nicht anders hielt es der Rheingauer Weindoktor.

An solchen, vom Wein inspirierten interdisziplinären Biographien, wie sie der Assmannshäuser Arzt und Winzer Stephan Oellers verkörperte, kennt man im Rheingau noch manch anderes Beispiel. Der Eltviller Apotheker Johann Baptist Heckler (1776 bis 1860) beispielsweise, ein enger Freund des bekannten Chemikers Justus Liebig, war ein hervorragender Weinkenner. Kein Wunder, betrieb doch schon sein Vater unter dem gleichen Dach neben einer gutgehenden Apotheke die florierende Weinschänke «Zum Rebenstock». Im Laufe seines Lebens fühlte sich der Apotheker Heckler jedoch so sehr zum Wein hingezogen, daß er 1824 die ererbte Apotheke ganz aufgab, um sich vollends der Wissenschaft vom Weinbau und einem gutgehenden Winzerbetrieb zu widmen. In der Folge publizierte er eine Reihe hochgeschätzter Handbücher der Weinwissenschaft und bekleidete am Ende seines Lebens schließlich neben dem Amt eines «Weininspektors» der Fürstlich Metternich'schen Weingüter auch das Amt des Kellermeisters von «Schloß Johannisberg» – ein Amt übrigens, das manchen Weinliebhaber heute noch mit größeren Sehnsüchten erfüllen kann als jene, die er einstmals in seiner Kindheit irrtümlicherweise mit dem Traumberuf eines Lokomotivführers in Verbindung gebracht hatte.

Stephan Oellers jedenfalls war einer der letzten Ärzte, unter denen der «Rheingauer» seine jahrhundertealten therapeutischen Tugenden ungehindert zeigen durfte. Und weil Oellers Heimatort Assmannshausen über diese Jahrhunderte zum Grenzgebiet, ja zum Äquator zwischen Rheingauer Rotwein und Rheingauer Weißwein geworden war, eine Tatsache, welche die Bewohner der Region zu Zeiten heftig zu entzweien vermochte, hatten die Patienten aus dem Munde ihres Doktors immer wieder die versöhnliche französische Regel gehört, die auch heute wieder alle Rheingauer unter einen Hut, oder besser an eine gemeinsame Flasche bringt: *Au matin bois le vin blanc, le rouge au soir pour le sang.*

Ja, die Franzosen. Ihnen ist hier ein besonderer Dank geschuldet. Denn noch heute gibt es in Frankreich einen erlauchten Ärztekreis, die *Médecins amis des vins de France,* die vielbeachtete Kongresse zu unserem Thema veranstalten und in einem ihrer hochangesehenen Vertreter, dem Homöopathen und Akupunkteur Dr. E. A. Maury, einen vortrefflichen publizistischen Verteidiger des heilsamen Weines gefunden haben. Gerade französische Ärzte hatten nie darin nachgelassen, die medizinischen Wirkungen des Weines zu untersuchen, und sie haben immer wieder seine Kraft als *Antidot,* als Gegengift, bestätigt gefunden. Nach ihren Forschungen zeigten beispielsweise Versuchstiere, die mit einer tödlichen Dosis von Kobra- oder Viperngift behandelt worden waren, nach der Injektion von Wein eine verlängerte Überlebenszeit, oder sie entgingen unter bestimmten Versuchsbedingungen gar dem für unvermeidlich gehaltenen Tode. Noch eindeutigere

In seinem Buch *La Médicine par le vin* von 1989
versucht Docteur E. Maury, Homöopath und Akupunkteur,
altes Wissen der «Weinmedizin» und neue
pharmakologische Erkenntnisse miteinander zu verbinden.
Unter anderem widmet er ein eigenes Kapitel dem Thema
«Der Wein und die Temperamente».

DOCTEUR E. MAURY

LA MÉDECINE
PAR LE VIN
OU LE VIN COMME REMÈDE UNIVERSEL

Collection Santé
dirigée par le Docteur Hervé ROBERT

ÉDITIONS ARTULEN
PARIS

110

Ergebnisse zeigten sich bei Strychninvergiftungen oder Vergiftungen mit *Digitalis* und *Belladonna*.

Da solche Ingredienzien am früheren königlichen Hofe von Frankreich leichthin zirkulierten, hatten wohl die Leibärzte der Könige auch damals dem Wein stets einen bevorzugten Platz unter ihren Medikamenten eingeräumt. Dr. Maury jedenfalls fand unter den sechzig Rezepten, mit denen Claude Adrien Helvétius (1715 bis 1771), einer der Leibärzte des Sonnenkönigs, seinen hochgestellten Patienten zu behandeln pflegte, mehr als ein Drittel, die das Medikament Wein enthielten, darunter eine Tinktur aus dem Weinstein des Weißweins zur Behandlung bei Nieren- und Blasenerkrankungen.

Im Jahre 1974 veröffentlichte Maury sein Buch *Soignez-vous par le vin*, das 1977 auch in deutscher Übersetzung erschien, allerdings unter dem eher mutlosen Titel *Gesund mit Wein*. Längst aber gibt es würdige Nachfolger für den nunmehr schon bejahrten Grandseigneur der französischen Weinmedizin, wie etwa den 1954 in der Gironde geborenen Dr. Martine Baspeyras, der schon seine Doktorarbeit dem Thema Wein gewidmet hatte. Sein Buch *Le vin médecin* handelt von den heilsamen Wirkungen der Bordeauxweine und wurde 1986 veröffentlicht. Gleiches gilt für die Doktoren François Bonal, Tran Ky und François Drouard, die 1990 unter dem Titel *Les vertus thérapeutiques du champagne* ein Buch über die medizinischen Heilwirkungen des Champagners vorlegten. Beide Werke würden sich hervorragend dazu eignen, den Flaschen aus dem jeweiligen Ursprungsgebiet gewissermaßen als Beipackzettel hinzugefügt zu werden.

In Deutschland hat Vergleichbares der Mainzer Hygieniker Professor Heinrich Kliewe zuletzt 1981 gewagt. Sein Buch *Wein und Gesundheit* ist allerdings längst vergriffen, und mit ängstlichem Blick auf die medizinischen Alkoholgegner hat der Verlag eine Neuauflage nicht mehr gewagt. Sorgsam und vorsichtig, wie auch Dr. Maury es tut, spricht Kliewe nicht mehr vom Wein als Medikament, sondern nur noch von einem Stärkungsmittel. Dennoch soll Heinrich Kliewe hier zu

Dr. Martine Baspeyras, 1954 in der Gironde geboren,
promovierte schon mit einem Weinthema.
Nunmehr Arzt an einem Pariser Hospital, legte er 1986 diese
detallierte Studie über die pharmakologischen Wirkungen
der Bordeauxweine vor.

Dr Martine Baspeyras

le vin médecin

Propriétés bénéfiques
des vins rouges du Bordelais

Minerve

112

Wort kommen, weil seine komplexe Schlußbetrachtung zum Thema all jenen nützen kann, die bei ihrem Hausarzt breitere Kenntnis historischen Medikamentenwissens entbehren müssen. Denn für die Hoffnung, daß dieser Text eines Tages auf der Rückseite des Etikettes aller geprüften Qualitätsweine zu finden sein könnte und im Sinne der anderweitig verwendeten Aufschrift «Ihr Gesundheitsminister rät» weite Verbreitung fände, gibt es derzeit leider nicht den geringsten Anlaß.

«Die vielen wertvollen Stoffe im Wein», schreibt Kliewe, «sind zusammengefaßt geeignet, die Stoffwechselfunktion im Körper zu fördern, allgemeine Schwäche- und Erschöpfungszustände zu bessern, die Atmung zu beleben, den Appetit und die Verdauung anzuregen, die Durchblutung des Gehirns und anderer Organe zu steigern, die Herz- und Kreislauffunktion zu regulieren und die Schilddrüse, die Nebennierenrinden und die Keimzellen zu stimulieren. Die Mobilisierung der natürlichen Abwehrkräfte, hervorgerufen durch die vermehrte Ausschüttung von Hormonen, durch die Erhöhung des Properdinspiegels und durch die Belebung der anzymatischen Tätigkeit, ferner die desinfizierende, antibiotische und entgiftende Wirkung des Weines vermögen die Widerstandskraft des Körpers gegen die altersüblichen Krankheiten wie Herz-Kreislauf-Erkrankungen, Diabetes, Anämien, zentralnervöse Veränderungen, Erkältungskrankheiten und Infektionskrankheiten zu steigern.»

Angesichts der weltweiten Kostenkrise im Gesundheitswesen fragt sich der Bürger, warum das Wissen der alten Weinmedizin noch immer im verborgenen ist. Liegt hier nicht der Schlüssel für gesundheitliche Vorsorgeaktionen bei breitesten Bevölkerungsschichten, der noch von keiner Partei ergriffen wurde? Wein auf Rezept würde diesen Politikern zweifellos einen stabilen Wählerstamm bis weit ins hohe Alter sichern. Kliewe jedenfalls abschließend: «Wer aber als alter Mann in der Familie täglich zwei, drei oder mehr Flaschen Wein trank und wurde dabei 75, 80 oder 90 Jahre alt, der kann bei der gewohnten Menge bleiben.»

Des Steyrischen Arztes Johann Christoph Bitterkraut
Wehmüthige Klag=Thränen über den Niedergang der Arzneikunst.
Darin beklagt er sich auch über die volkstümliche und
verbreitete Praxis, Fieber mit hohen
Weingaben zu behandeln.

Wehmühtige Klag-Thränen

Der

Löblichen höchst=betrangten

Artzney = Kunst/

Durch welche

Der betrübte elende Stand dieser edlen Wissen=
schafft / neben dero erlittnen unterschiedlichen grossen Un=
glücks-Fällen / harten Verfolgungen/ falschen Inzüchten/ erdichteten
Auflagen/ und widerwertigen Begebenheiten / auch allerhand in diese Kunst einge=
schlichnen schädlichen Stümplereyen / nichts-wehrtigen Alchymisterey / Aberglaubi=
schen Curen / ansprecherischen Heil-Mitteln / höchst-verbottnen Zauber-Stücken /
eitlen Stern-guckerischen Grillen / und albernen Anmerckungen der Calender-Ma=
cher / auch vielen andern sehr nachtheiligen Dingen / worein sie bald nach ihrem ersten
Anfang und Wachsthum gerathen/ auch noch biß auf gegenwärtige Zeiten gantz
mühselig stecket ; mit Einmengung verschiedenen Philosophischen Lehr=
Arten / verwunderlichen / nicht bald erhörten/ Syn- und Antipa=
thyen / beglaubten seltenen Historien/ annehmlichen
Dicht-Kunst-Reimen/ und sittlichen An=
merckungen/vorgestellet wird.

Von

Johann Christoph Bitterkraut / Auſtriaco Hippoli-

tano, Philoſophiæ und Medicinæ Doctorn, einer hochlöbl.
O: O: Landſchafft Medico Ordinario , wie auch der Kayſerl.
und Lands-Fürſtlichen Stadt Steyr
Phyſico.

Gedruckt und verlegt durch Michael und Johann Friderich
Endter/ Anno 1677.

114

Die Kräuterweine

Nicht viel rechtfertigt die Hoffnung, daß der Wiederentdeckung der Kräutermedizin, die heute zu beobachten ist, bald auch die Wiederentdeckung der Kräuterweine folgen könnte. Die Erinnerung an das alte Volksheilmittel mit Breitbandwirkung, das unsere Vorfahren wie einen heimlichen Schatz zu hüten gewohnt waren, ist verblaßt. Die meisten ihrer hochgeschätzten Kräuterweine, deren medizinische Wirkung in alten Weinbüchern beschrieben wird, sind eigentlich nur Weinauszüge und leicht selbst herzustellen. Das bedeutet, daß die Kräuter in Wein erwärmt oder nach den Rezeptangaben für eine bestimmte Zeit – etwa in einem Leinensäckchen – in den Wein gehängt werden, wie es manchmal heißt, um ihn mit den heilsamen Wirkstoffen der Pflanze anzureichern.

Sehr verbreitet waren Rezepte, bei denen der Wein zusammen mit den Kräutern bis zu einem Drittel der Menge eingekocht wurde, was aber schon Paracelsus als eine «vnverstandene berayrung» befand. Aus einem solchermaßen maltraitierten Wein, so sagt er gleich zu Anfang seiner *Grossen Wundartzney*, wird nur ein «vngeschmackts / seigers / vnd vnlustiger, stinkender und saurer tranck darauß, was der natur gar zu wider ist». Nach seinem Verständnis ging bei dieser Tortur gerade die wirksame «Qinta essentia», das «Geistige» des Weines, verloren. Der mit «Wundkräutern» gestärkte Wein sollte sehr wohl auch nach Wein schmecken und seines natürlichen Charakters nicht beraubt werden. Gleich im Herbst, «so der weyn von den trotten kompt», sollte der Most drei Monate auf den Kräutern vergären, damit daraus nicht nur ein nütz-

115

Der «Weinwürzer» war zugleich auch Fachmann
für medizinische und Kräuterweine
und erfüllte somit eine der Aufgaben des Apothekers.

Titelholzschnitt aus der Augsburger Ausgabe
von Arnoldus von Villanovas Weintraktat, *1529*
(wahrscheinlich von Hans Schäufelin)

licher, sondern auch ein wohlschmeckender «wundtränk»
werde. Aber nur ein Weißwein sollte es sein, «die rothen wein
(sind) nicht guet / sie fassen fremde tugendt nicht geren inn
sych».

Die echten Kräuterweine, die in den Medizinbüchern als
Vina per Consermentationem parata bezeichnet werden, ent-
standen also nur aus weißen Trauben. Die getrockneten oder
auch frischen Pflanzen wurden in den Gärprozeß des Mostes
mit einbezogen, damit er auch an den Kräutern sein Werk tat.
Einige dieser «geärzten Weine» gehen auf Hippokrates und
Galenus zurück, andere sind noch älteren Ursprungs. Eine
Vorstellung vom Mengenverhältnis der beiden Zutaten gibt
Johann Hermann Pfingsten (1751 bis 1798). In der vierten

116

Der Pfarrer aus dem Nahetal, Fridrich Helbach,
war ganz offensichtlich ein Kräuterwein-Enthusiast.
In seiner *Oenographia* von 1604 hat er weit über hundert
solcher Weine beschrieben.

OENOGRAPHIA,

Weinkeller oder Kunstbuch vom Wein/

Das ist:

Außführliche vnd eigentliche Beschreibung der edlen Gabe GOttes / deß Weins / seiner Natur / Eygenschafft vnd Tugendt / auch wie man denselbigen vor allen zufällen bewahren / vnd wieder zu recht bringen sol / darinnen auch angezeigt wirdt alles was vom Weinstock / Wein vnd desselbigen Artzney mag gesagt werden.

Sampt nützlichem vnd wolgegründtem Bericht aller Kräuterwein / vnnd geärtzten Weinen / auß allerhandt Kräutern / Blumen / Wurtzeln vnnd Früchten / so wol in Deutschen als in Welschen Landen / welche zu notturfftigen Artzneyen können præpariert werden / vnd zu vnsern Zeiten in Brauch kommen. Darneben auch von Kräuter Essig vnd Bier gehandelt wirdt.

Auß vielen berühmpten Scribenten zusammen getragen / vnd in drey Büchern allen Artzney liebhabern zu gut beschrieben

Durch

M. Fridericum Helbachium Eckhartshusanum.

Getruckt zu Franckfort am Mayn / bey Matthias Beckern / in verlegung Peter Kopffen.

M. DC. IV.

Auflage seines *Dispensatorium* von 1795 finden wir das Grundrezept, nach dem drei Kilogramm getrocknete Kräuter auf 24 Liter Traubenmost angesetzt werden.

Als Fridrich Helbach (1568 bis 1638), Theologe, Poet mit Neigung zur Medizin und Pfarrer von Kirn an der Nahe, im Jahre 1604 seine *Oenographia* erscheinen läßt, beschreibt er gleich eine ganze Sammlung von weit über hundert solcher Kräuterweinen und deren Wirkungsweise. Die Devise seines Buches hat er den Schriften des Hippokrates und Galenus entlehnt, die «sämptlich bezeugen, daß der Wein mehr eine Artzeney, als ein Tranck sey. Wie viel heylsamer wird er als denn, da er mit guten Kräutern fortifiziert und gesterkt, und also eine Artzeney mit der anderen uniert und vereinbart wirdt.»

Angesichts der differenzierten Analysemethoden, die der medizinischen Wissenschaft für den Nachweis pflanzlicher Wirkstoffe heute zur Verfügung stehen, sind die Forscher bisweilen überrascht von der Treffsicherheit manch traditioneller Rezeptur. Die alte Medizin stellte den Zusammenhang zwischen Heilkraut und Krankheit nicht nur durch überliefertes Erfahrungswissen und durch experimentelle Suche her. Sie stützte sich auch auf die sogenannte Signaturenlehre. Nach diesem Modell zeigen gewisse äußere Eigenschaften der Pflanze, ihre Gestalt, ihre Farbe und ihre Säfte, an, welche Heilwirkung ihr innewohnt. Pflanzen mit herzförmigen Blättern schrieb man Heilwirkungen bei Herzkrankheiten zu, leberförmigen solche für Leberleiden, höckerige Wurzeln gebrauchte man gegen Geschwüre, stachelige Disteln gegen Stechen in der Brust. Der gelbe Saft des Schöllkrautes war ein Mittel zur Bekämpfung der Gelbsucht, blasige aufgetriebene Früchte wandte man bei Blasenleiden an.

Paracelsus erzählt, daß er über achtzig Bauern gekannt habe, die Kräuter allein wegen ihrer Form mit Krankheiten verglichen «und die vor meinen Augen damit wunderbar und gut geholfen». Seiner Auffassung von der Wirkung der Arzneien lag der Gedanke zugrunde, daß nicht bestimmte Wirkstoffe, sondern das den Dingen eingepflanzte Wesen, die «Quinta essentia», die entscheidende Kraft sei. Sie erst bringe die übrigen Kräfte zur Entfaltung und bewirke so die Heilung. Diese «Ähnlichkeitslehre», die dem Laien heute vielleicht seltsam anmutet, ist keineswegs untergegangen. Wir finden sie wieder im Grundprinzip der Homöopathie, die in gewissem Sinn ebenfalls «Gleiches mit Gleichem» zu behandeln sucht.

Die Kräuterweine stehen zwischen den Medizinalweinen und den Würzweinen, wobei letztere sich gewissermaßen im

Unter den Anhängern magischer Künste – und das waren bis weit ins 18. Jahrhundert die meisten Leute – erfreuten sich bestimmte mit Kräutern zubereitete Weine besonderer Beliebtheit.
Mit Hilfe von Nesselsamen konnte man nach diesem Rezept beispielsweise schnell einen Streit unter Zechgenossen entfachen oder auch wieder schlichten.
Der Nesselsamen hatte es wohl in sich.
Schon bei Dioscurides war zu lesen: «Nesselsamen in Wein getrunken, macht eine begierdt zur Unkeuschheit und eröffnet die verstopfte (Ge-)Beermutter».

Das acht und sibentzigste Stuck.

Zwischen zechenden Leuthen ge-
schwind ein Antipathisch / und widerum bald eine gute Verständnuß zu Weege bringen.

Ann Mars in seinem Hauß exaltiert ist / so sammle man den Saamen von rothen Näßeln / und thue solchen in die Kanne / auß welcher zechende Leuthe mit einander trincken / so wird man seine Wunder sehen / wie bald es an ein zancken und rauffen geben wird / will man sie aber wider fridsam haben / so werffe man unter den Tisch Kräuter und Blumen / welche pur allein von der gütigen Influenz deß Jupiters beherschet werden / alsdann wird bald der Stillstand erfolgen / und Fride werden.

Aus: Compendium Magisch Sympathetisch und Antipathetischer Arcanitaeten Wider Die Zauberer / Hexen / Unholden und Truden, *Frankfurt, 1715*

medizinischen Vorfeld aufhalten. Wenn dem *vin herbé*, wie die Franzosen ihn nennen, pharmakologische Wirkungen auch nicht abgesprochen wurden, so galt die Beigabe aromatisierender Kräuter und Gewürze doch vor allem der Geschmackskorrektur. Manche genossen den Ruf magisch wirkender Liebestränke, wie wir beispielsweise aus *Tristan und Isolde* wissen. Unter prosaischeren Bedingungen freilich diente die Aromatisierung meist dazu, den Oxydationsgeschmack und andere Fehler eines schwächlichen Gewächses zu überdecken.

Drei der klassischen Kräuterweine, «geärzte Weine», in denen die Kräuterextraktion durch «Mitgärung» geschieht, sollen stellvertretend näher beleuchtet werden. Man könnte sie getrost als Heilmittel gegen einige typische zeitgenössische Krankheiten bezeichnen: Der Johanniswein gegen leichte Depressionen und alle «inneren Verletzungen», wozu man auch seelische Kränkungen und anderen Kummer zählen darf; der Rosmarinwein gegen nahezu alle körperlichen Gebrechen, von der Herzschwäche bis zum Haarausfall, und schließlich der Basilikumwein gegen jene «alte Melancholey», die «uns besonders zum Ende des Sommers überfällt», wie Robert Burton (1577 bis 1640) meinte, der sich in seiner *Anatomie der Melancholie* von 1621 auf das ausführlichste mit dieser widersprüchlichen menschlichen Seelenlage befaßte.

Nach alter Rezeptur hat der Autor diese Kräuterweine mit eigenen Trauben und selbst gezogenen Kräutern vinifiziert und den Selbstversuch gewagt. Da sie nicht auf Krankenschein zu haben, ihre Geschichte, ihre vielgepriesenen Wirkungen und ihr Geschmack vom Vergessen bedroht sind, gaben sie ursprünglich den Anstoß zum vorstehenden, leicht wehmütigen Rückblick auf die alte Weinmedizin. An dieser Stelle sind sie nun Aus- und Rückblick zugleich: Ausblick auf die trotz allem erhoffte Wiedergeburt der Weinmedizin und Rückblick auf vergnügliche Verkostungen und Erinnerung an überraschende Erlebnisse von Nase und Gaumen.

DER JOHANNISWEIN

Der Johanniswein erfreute sich in der mittelalterlichen Kräutermedizin als nervenstärkendes Mittel einer großen Beliebtheit. Er war so allgemein bekannt, daß der Autor der *Koch und Kellermeisterey* von 1566 nur die Herstellungsanleitung mitteilt und auf jeden weiteren Hinweis für die medizinischen Anwendungsgebiete verzichtet. Zu den «Würzweinen» zählte der Johanniswein nie. Wegen der geringen Abgabe pflanzentypischer Aromata hat das Kraut nur einen geringen Einfluß auf Geschmack und Charakter des verwendeten Mostes.

Das Kraut, das diesem Wein aber einen goldgelben Schimmer verleiht, wird bis zu einem Meter hoch und wächst auf Wiesen, Brachland oder Feldrainen und ist in Europa, Nordafrika, Vorderasien und auf dem amerikanischen Kontinent heimisch. Die Pflanze blüht von Juni bis Anfang September. Besonders prächtig entfalten sich ihre leuchtend gelben Dolden um Johanni herum (24. Juni). Wohl deshalb nannte der Volksmund sie schon vor vierhundert Jahren Johanniskraut,

Sanct Johannes Wein.

Item / nim Sanct Johanneskraut / vnd stoß es in ein Faß / das es voll sey / vnd schüt Most darauff / vnd wann der Wein vergiert / so thu das Kraut heraus / vnd wasch es sauber / vnd las es dürr werden / vnd thu es in dem Mertzen wider in eins / oder ander frisch Johannes Kraut / vnd füll es wider mit anderm Wein.

Aus: Koch und Kellermeisterey, *Frankfurt, 1566*

Der Verfasser der *Koch und Kellermeisterey*,
Frankfurt, 1566, ist nicht bekannt.
Das Buch ist nicht identisch mit der *Koch und Kellermeisterey*
von Meister Sebastian, das schon 1536 erschien.
Der Hinweis im Titel «von viel guter heimlicher Künste»
deutet nach mittelalterlichem Sprachgebrauch auf den
heilkundlichen Aspekt dieses Buches hin.

Sant Johans Krout.

Holzschnitt aus dem Kräuterbuch des Dioscurides,
Ausgabe Frankfurt, 1610

lange bevor der schwedische Botaniker Carl von Linné (1707
bis 1778) ihr den wissenschaftlichen Namen *Hypericum perfo-
ratum* gab. Auch andere Namen sind in der Volksmedizin
gebräuchlich: Conradskraut, Hartheu, Unserer lieben Frau
Bettstroh und *Fuga daemonium,* was man etwas frei mit «Ge-
spensterkraut» übersetzen könnte. Wegen der schwarzen
Punkte auf den Blütenblättern wird es auch Getüpfeltes
Johanniskraut genannt.

Die Blätter des Johanniskrautes sind durchsetzt mit zahlreichen Drüsen, in denen die Pflanze ein Gemisch verschiedener
ätherischer Öle produziert. Gegen das Sonnenlicht gehalten,
zeigen sie sich auf dem Blatt als Muster von durchsichtigen
Bläschen, als sei es vielfach von Nadeln durchstochen. Nach
der Signaturenlehre eignete sich das Kraut folglich als Heil-

mittel gegen Stichverletzungen und wurde schließlich bei allen Arten von inneren und äußeren Verletzungen eingesetzt. Den Ärzten der Antike war darüber hinaus die «harmonisierende» Wirkung von *Hypericum*-Aufgüssen bekannt. Sie verordneten sie bei Beschwerden, die man heute als depressive Störungen bezeichnen würde.

Die gelben Blüten, «welche zwischen den Fingern gerieben, ein blutigen Safft von sich geben», sind der Grund, wie es bei Dioscurides heißt, «derowegen es denn bei den Griechen *Andosemon*, das ist, ein Kraut des Menschen Blut genennet wirdt». Die pharmakologische Forschung hat in dem roten Farbstoff die wundheilende Wirkung des Karotin-Vitamin-A aufgespürt. Dies scheint der entscheidende Wirkstoff des «Johanniskraut-Öls» zu sein. Gewonnen wird dieser klassische Wundbalsam, indem die Blüten zusammen mit Olivenöl mehrere Wochen in einem verschlossenen Glas der Sonne ausgesetzt werden. Über Jahrhunderte galt «Johannisöl» als das ideale Hausmittel bei Verletzungen, Quetschungen, Verrenkungen, Schwellungen, Hexenschuß und vor allem bei Verbrennungen. Heute findet es unter den Ärzten wieder Aufmerksamkeit, weil es eine narbenlose Ausheilung fördert. Zusammen mit Rheinwein wurde die Heilkraft dieses Balsams jedoch verstärkt, wie wir durch Hoffmanns Schüler J. V. Kauppers erfahren:

Frische Fleisch-Wunden/heilen mit Rheinwein und Zucker benetzet/ zusammen; Johannis-Oel mit Rheinwein vermischet/ heilet nicht allein Wunden/sondern ist auch innerlich zu gebrauchen.

Aus: Sentiment − Von Fürtrefflichkeit / Unterschied / Nutzen und Wirkung Des Rhein=Weines, *Magdeburg, 1709*

XXXIV. Johanniskraut ist eines der vornehmsten Wund-Kräutern innerlich und äusserlich dienlich in alten Schäden/ Verrenckungen/ Bein- und Darm-Brüchen ; in Träncken/ Oehle/ Salben/ Essentien zu gebrauchen. Ist eine gute Nerven-Stärckung/ dahero es wohl gekommen seyn mag/ daß man es wider die Zauberey sonderlich gerühmt. Wie alle Wund-Kräuter gegen den Stein gut seyn/ so ist auch dieses Kraut dagegen. Dienet gleichfalls wider das geronnene Geblüth/ item in Bauch- und Blut-Flüssen/ in aller Fäulung/ gegen Würmer/ Zittern der Glieder.

Aus: Johann Samuel Carl, Armen-Apotheck, *1721*

Kauppers beruft sich hier auf ein Rezept von Paracelsus, das der umtriebige Mediziner im ersten Buch seiner *Grossen Wundartzney* von 1536 über alle Maßen lobt. Er rät allerdings, das Öl-Wein-Gemisch wohlverschlossen auf dem Feuer zu reduzieren und anschließend «sein zeit» dem Sonnenlicht auszusetzen. «Von disem oel magstu wol lob sagenn / dann wo du es brauchest / da wirst nit mehr schaden besteen.» Paracelsus schätzte die allgemein stabilisierende Wirkung des Johanniskrautes, weil es «alle verdorbenen Säfte durch Urin und Schweiß» austreibe, «wodurch der Körper munter, stark und gesund in einem Gleichgewichte erhalten, und wieder hergestellt wird.»

Die breite Heilwirkung, die dem Johanniskraut zugeschrieben wurde, zeigt sich im Spektrum der Anwendungsvorschläge, wie sie der Büdinger Hofmedicus Johann Samuel Carl in seiner *Armen-Apotheck* von 1721 zusammenfaßt, mit der er – wie schon erwähnt – eine preiswerte, einfache Alltagsmedizin zu propagieren suchte.

In Tees und Aufgüssen fand Johanniskraut Anwendung gegen Leberleiden, Magenbeschwerden, Kopfschmerzen und Migräne. Nach Dioscurides vertreibt es zusammen mit Wein das Dreitagefieber. Auch in der Frauenheilkunde kennt er die Verwendung von Johanniskrautzäpfchen, einem wirksamen Mittel, das «die Mondzeit der Frauen an sich zieht», also die Stabilisierung des Zyklus befördert. Nichts anderes meint der Hof- und Stadtarzt Johannes Wittich im 16. Jahrhundert, wenn er sagt, daß das Kraut «der Weiber Blödigkeit treibt». Um die Wirksamkeit des Krautes zu steigern, empfiehlt er bei seinem Rezept freilich den Wein als Vehikel. Kein Wunder, finden wir dieses Rezept doch in seinem Buch *Von der artzneylichen Tugend des Weines,* das er 1592 in Leipzig erscheinen ließ und dessen weingetränkte Rezepte wir im Kapitel über die Frauenheilkunde schon kennengelernt haben. «Der schwangern Weiber Trank», so Wittich, «soll sein ein heller, reiner Wein, so nicht zu stark und nicht zu schwach, nicht zu firnig.»

Selbst aphrodisiakische Wirkungen schreibt Wittich dem Kraut «Unser Frawen Bettstroh» zu. «Die Wurzeln in süßem Wein gesotten und getrunken, erregt die Lust zur Unkeuschheit.» Mit dieser Meinung steht er keineswegs allein. Auch im 20. Jahrhundert noch empfiehlt der französische Arzt Dr. Jean Rivolier in dem Buch *Secrets et vertus des plantes médicinales* von 1978 einen Aufguß des Johanniskrautes als Mittel gegen Impotenz. Sein Rezept: zwanzig Gramm blühende Sproßspitzen auf einen Liter siedendes Wasser; fünf Minuten ziehen lassen. Davon täglich eine Tasse. In Frankreich wird das Kraut auch in der Kinderheilkunde verwendet. Bei Bauchgrimmen und Verdauungsbeschwerden legt man es den Kleinkindern auf den Bauch und nennt es deshalb auch Nabelkraut.

Das Kraut,
das ins Lot bringt

Kehren wir zu den «harmonisierenden» Wirkungen zurück, wie die griechischen Ärzte die psychotrope Wirkung des Johanniskrautes nannten. In seinem *Neu vollkommen Kräuter-Buch* von 1613 läßt Jacob Theodor Tabernaemontanus (1520 bis 1590) die Volksweisheit reden: «Die alte Weiber sagen, daß diß Kraut sey für Gespenster, wann man es bey sich tragt. Daher es auch *Fuga Daemonium* soll genennet werden.» Als wichtiges Ingredienz taucht es immer wieder in Zubereitungen auf, die vor Verzauberung schützen oder die Kraft eines Zaubers brechen sollten. Zusammen mit anderen Kräutern, in Wein gesotten half es, «wenn einer durch zauberische gemachte Liebe von Sinnen kommen», wie beispielsweise der Erfurter Arzt Christoph Hellwig in seinem *Recept-Buch vor die meisten Kranckheiten der Mannes-Personen* von 1715 rät.

In der Tat gab man den Saft des Johanniskrautes auch solchen Personen ein, die der Hexerei verdächtigt wurden, «damit sie bei der Tortur die Wahrheit sagen sollten», wie Perger in seinen *Pflanzensagen* von 1864 mitteilt. Schon in der *Armen-Apotheck* war uns dieser Seitenblick begegnet, bei dem die Pflanze mit Zauberei und Hexen in Verbindung gebracht wird. Was damit wirklich gemeint sein könnte, erschließt sich möglicherweise aus einem Zitat, das Tabernaemontanus wenige Zeilen zuvor erwähnt: «Fernelius meldet, daß diß Kraut gar nützlich zu gebrauchen sey zu den zerknitschten und zerstossenen Nerven.»

Genau in diesem Sinne wird das Johanniskraut seit jeher in der Homöopathie eingesetzt, als Extrakt bei Depressionen,

Das *New vollkommen Kräuter=Buch* des aus Zabern stammenden
Jacob Theodor Tabernaemontanus erschien erstmals 1613.
Diese überarbeitete Ausgabe von 1731 umfaßt ohne
die Register 1500 großformatige Seiten.
Für einen Großteil der beschriebenen Heilkräuter wird auch
jeweils eine Weinanwendung genannt.

Wenn einer durch zauberische ge=
machte Liebe von Sinnen
kommen.

Nimm Johannis=Kraut/ anderthalb Hand=
voll/ edlen Dorant/ zwey Hand voll/ Wie=
derthons/ 1. Hand voll/ siede daselbe in 3.
Maaß Wein/ davon laß den Krancken
trincken/ Abends/ Morgens und zu Mitta=
ge einen starcken Trunck/ und zwar 7. Tage
nacheinander;

Aus: L. Christoph Hellwig, Teutsch-Medicinisches Receptbuch... vor
die meisten Kranckheiten der Mannes=Personen, *Frankfurt, 1715*

bei Gehirnerschütterungen und Nervenzusammenbrüchen.
Hier liegt auch das neu erwachte Interesse von Neurologen,
Psychiatern und Pharmakologen, die 1993 in Düsseldorf diesem von der Schulmedizin fast völlig vergessenen Heilkraut
einen Kongreß widmeten. Eines der Ergebnisse aus einer ganzen Reihe von Studien, die dort vorgestellt wurden, lautete:
Als nahezu risikoloses Präparat ohne störende und belastende
Nebenwirkungen stellt der standardisierte Johanniskraut-
extrakt die rund vierzig verschiedenen synthetischen Präparate in den Schatten, die heute bei leichten bis mittelschweren
Depressionen angewendet werden. Die Wertschätzung dieser
wiederentdeckten Heilpflanze drückt sich beispielhaft darin
aus, daß Dr. Gerhard Harrer vom Institut für Forensische
Psychiatrie der Universität Salzburg auf diesem Kongreß die
Johanniskrautextrakte das «Mittel erster Wahl» nannte.
  Bei den Wirkstoffen des gut verträglichen Naturheilmittels
handelt es sich vorwiegend um zwei Substanzen, die *Hypericine* und *Flavonoide*. In ihrem molekularen Aufbau ähneln die
Hypericine den sogenannten *trizyklischen,* synthetisch her-

129

gestellten *Antidepressiva.* Über den Wirkungsmechanismus der *Hypericum*-Präparate gibt es bislang nur Theorien. Eines der Erklärungsmodelle sieht die Wirkung in einer «sanften» Hemmung des Enzyms MAO *(Monoaminoxidase),* das man unter anderem auch für die menschliche Aggression verantwortlich macht und das zum Abbau der Botenstoffe *Noradrenalin* und *Serotonin* beiträgt. *Serotonin* wiederum gehört zu jenen *Neurotransmittern,* die im Zentralnervensystem einen antidepressiven Effekt auslösen. Es zählt zu den euphorisierenden Stoffen, die man auch als den geheimen Anziehungspunkt in der Schokolade ausgemacht hat. Unter Lichteinwirkung erhält sich *Serotonin* wesentlich länger im Körper, während es unter Lichtmangel leicht abgebaut wird. Dies ist auch einer der Hintergründe für den ärztlichen Rat des «heilsamen Spaziergangs». Die aufhellende Wirkung hat ihre Ursache auch im verzögerten Abbau des *Serotonins* im Körper, solange dieser hellem Tageslicht ausgesetzt ist.

Ein Tee aus Johanniskraut wirkt anregend, für eine gezielte Behandlung depressiver Zustände jedoch ist die Extraktausbeute zu gering. Zum Vergleich: Drei Tassen Tee enthalten 0,3 bis 0,5 Milligramm Extrakt. Die übliche Dosierung standardisierter Präparate liegt jedoch bei dreimal 300 Milligramm pro Tag. Auch wenn der Johanniswein über Jahrhunderte als nervenstärkendes Mittel galt, so erreicht er mit Sicherheit nicht eine vergleichbar hohe Ausbeute.

Nachbarschaft zum «Johannes-Trunk»

Daß diesem Kräuterwein eine so breite Heilwirkung nachgerühmt wurde, findet seine Erklärung auch darin, daß man ihn in enger Verbindung mit dem «Johannes-Trunk» sah, einem christlichen Brauch, der schon zu karolingischer Zeit fest eingewurzelt ist. Am 27. Dezember, am Tag Johannes' des Täufers, weihte man einen Wein, dem erstaunliche Heilkräfte zugeschrieben wurden, darunter Schutz vor jeglicher Vergiftung und vor nahezu allen Krankheiten. Man goß den geweihten Wein auf die Wegkreuze, damit er die Fruchtbarkeit der Felder sicherte. Vor allem aber beförderte und bewahrte er die Freundschaft und galt lange Zeit als Hochzeitstrunk des Brautpaares: Der Frau brachte er Fruchtbarkeit und dem Manne Mut.

Das ganze Jahr über trank man ihn bei Abschieden und Wiedersehen und nannte ihn den «Valet-Trunk». Man gab ihn den Sterbenden und reichte ihn bei den Beerdigungsfeierlichkeiten. Im französischen Amiens beispielsweise wurde 1407 eine Verordnung erlassen, die untersagte, daß die Leichenzüge an allen Straßenecken haltmachten, um Johannistrunk zu nehmen. Besonders eifrig sprach man ihm aber am besagten 27. Dezember zu, bisweilen in solch ausgiebigen Mengen, daß die Kirche das Fest mehrfach verbot. Karl der Große (747 bis 814) jedenfalls versuchte vergeblich gegen diesen Brauch vorzugehen, weil in manchen Regionen das «Weinfest des heiligen Johannes» zur ernsthaften Konkurrenz für Weihnachten wurde und dieses Fest in den Schatten zu stellen begann. Die Anwendung wurde so extensiv betrieben, daß die westfälische Stadt Soest den Brauch 1728 verbot. In den Grimmschen «Weistümern», einer Sammlung von alten Rechtsbräuchen und Vorschriften, finden sich allerdings die Belege dafür, daß nach zahlreichen Verordnungen des 14. bis 16. Jahrhunderts bei Abschluß von Vertragsverhandlungen das Reichen von «Johanniswein» dringend geboten war.

Selbst über die Reformation hinaus rettete sich der beliebte Brauch auch in den protestantischen Regionen. Während Zwingli (1484 bis 1531) diese Art des rituellen Trinkens als Aberglaube verbot, wird von Martin Luther (1483 bis 1546) überliefert, daß er sich häufig des Johannis-Trunkes bediente. Doch selbst in pietistischen Kreisen lebte der Brauch fort, etwa bei der Hochzeit der Stieftochter der Herzogin von Holstein mit dem Grafen Zinsdorf im Jahre 1659, wie Gustav Freytag (1816 bis 1895) in seinen *Bildern aus der deutschen Vergangenheit* zu berichten weiß. Auch im Protestantismus fand der Brauch entschiedene Verteidiger, wie den Leipziger Professor Jacob Thomasius (1622 bis 1684), Lehrer von Leibniz und Vater des berühmt gewordenen Christian Thomasius (1655 bis 1728), der mit seinen Büchern dazu beitrug, den Hexenprozessen ein Ende zu bereiten.

> So gute Freunde von einander scheiden / und in gefährliche Reisen ziehen / pflegt man sich zuvor freundlich mit einander zu letzen / und bringet einer dem andern ein Valet-Trunck zu guter letzt auff eine selige Reise / und frölliche Wiederkunfft. Etwan hieß man solches in S. Johannis Nahmen trincken. -- Solche ehrliche Bräuche / wenn sie in wahrer Anruffung des Nahmens Gottes beschehen / sind nicht zu tadeln.

Aus: Jacob Thomasius, De Poculo S. Joannis, Leipzig, 1675.

«So gute Freunde von einander scheiden / und in gefährliche Reisen ziehen / pflegt man sich zuvor freundlich miteinander zu setzen / und bringt einer dem anderen ein Valet-Trunck zu guter letzt auff eine selige Reise / und froeliche Wiederkunfft. Etwan hieß man solches in S. Johannis Nahmen trincken. – Solche erliche Bräuche / wenn sie in wahrer Anruffung des Nahmens Gottes beschehen / sind nicht zu tadeln.»

Der Protestant Jacob Thomasius, Professor für Philosophie
und Beredsamkeit an der Universität in Leipzig,
veröffentlichte im Jahre 1675 diese Schrift, in der er
den «Johannis-Trunk» gegen den Verdacht
des Aberglaubens verteidigte.

Q. D. B. V.
De
POCULO
S. JOANNIS,
quod vulgò appellant

S. Johannis-Trunck/

in Academia Lipfienfi
Confenfu
INCL. FACULTATIS PHILOSOPHICÆ,
PRAESIDE
Viro *Amplisfimo* atq, *Excellentisfimo*
Dⁿ. M. JACOBO THOMASIO,
Eloquentiæ Prof. Publ. celeberrimo, Facultatis Philo-
fophicæ Adfeffore gravisfimo, Min. PP. Collegii
Collegiato meritisfimo &c.

Domino Patrono, Præceptore & Promotore fuo
ætatem fufpiciendo
disputabit
Jo. ADAMUS FIBIGERUS
Löbaviâ-Lufatus, Magifterii Cand.
d. 30. Januarii A. C. 1675.

LIPSIÆ,
Proftat apud Mich. Rufvvurmium, Bibliopol.
Literis CHRISTIANI FICKII.

Jacob Thomasius legte 1675 eine theologisch-philosophische Disputation vor, die vor allem den Johannis-Trunk gegen den Vorwurf der Magie und des Aberglaubens in Schutz nehmen wollte. In protestantischen Gegenden blieb der Johannis-Trunk lange Zeit mit dem Hochzeitsritual verbunden. Auch am Rhein kannte man den Brauch, am 27. Dezember einen Wein zu weihen, mit dem einem «gebrochenen» Wein im Faß wieder aufzuhelfen war, was Gottvertrauen voraussetzte. Angesichts der Vielzahl önologischer Hilfsmittel, die dem Winzer zur Verfügung stehen, greift er heute wohl lieber zum qualifizierten Ratschlag eines Weinlabors.

Doch kehren wir zum Kräuterwein, zum «echten» Johanniswein, zurück. Erstaunliches soll zum Schluß vermeldet werden. Hildegard von Bingen, deren Kenntnisse der Pflanzenwelt heute noch erstaunen, hat das Kraut völlig verkannt. Nach ihrer Meinung «taugt es für das Vieh auf der Weide. Für die Medizin taugt es nicht viel, weil es ein verwildertes und vernachlässigtes Kräutlein ist», schrieb sie in ihrer *Physica*. Doch damit hatte die kluge Äbtissin gleich in doppelter Hinsicht Unrecht. Sie unterschätzte nicht nur die bedeutende Rolle der Pflanze für die Humanmedizin, sie unterschätzte auch mögliche negative Auswirkungen für das Vieh. Ausgerechnet hier liegen die sonst kaum beobachteten unerwünschten Nebenwirkungen des Johanniskrautes. Ähnlich dem Wiesenbärenklau *(Heracleum sponylium L.)* enthält das «Hartheu» photosensibilisierende Substanzen *(Furocumarine)*, die in hoher Dosierung besonders den Rindern mit hellem Fell ernsthaft schaden können. Auch bei hellhäutigen Menschen kann es zu Hautreizungen und sonnenbrandähnlichen Veränderungen jener Hautregionen führen, die intensiver Sonneneinstrahlung ausgesetzt sind.

In Form standardisierter Extrakte findet das Johanniskraut heute in Naturheilmitteln Verwendung gegen depressive Verstimmung, als Salbenpräparat gegen stumpfe Verletzungen, und als Einreibemittel ist es neben Ringelblume, Lavendel, Beinwell und Kiefer in der «Kytta-Salbe» vertreten.

DER ROSMARINWEIN

Diese Beschreibung des Rosmarinweines stammt aus dem *Curieus und offenhertzigen Wein-Artzt*, den ein «Liebhaber der Oeconomischen Wissenschaft», wie der anonyme Autor sich selbst im Titel nennt, im Jahre 1753 in Frankfurt und Leipzig herausbrachte. Sie macht deutlich, wie sehr dieser Kräuterwein noch im 18. Jahrhundert geschätzt wurde. In der Volksmedizin hielt er sich bis zum Anfang unseres Jahrhunderts.

§. 34. **Roßmarin - Wein**

Wird, wie andere Species-Weine gemacht werden, bereitet, und hat die Rosemarin nie beſſere Krafft, als wenn Wein daraus gemacht wird, und hat dieſer Wein wunderbare Eigenſchafften; iſt gut vors Kalte, und von ſeinem Wohlriechen wird die Seele erfreuet, ſtärcket alle Glieder, machet gerecht das Geäder, ein ſchön Angeſicht, wenn man es damit wäſchet, machet einen wohlſchmeckenden Mund, und wenn das Haupt damit gewaſchen iſt, ſo fällt das Haar nicht aus, ſondern es wird vermehret, bewahret den Menſchen für böſen Blattern, ſtärcket das Hertze, behält die Leute in der Jugend, und wer des Weins ſtets nützet, deſſen Leib ſoll nimmermehr verfaulen, ſtärcket das Zahn-Fleiſch, macht einen wohlriechenden Athem, iſt gut vor die Krebs und vor die Fiſteln.

Item:

Solcher Wein mit Regen-Waſſer temperirt, und mit ſeinen Blumen gekocht, ſtets getruncken, iſt gut vor die Lungenſucht, vor das Bluten und Fieber, vor Vergeſſenheit, auch vor die rothe Ruhr, iſt auch gut für das Hertz-Zittern, Zipperlein, und bequemlich allen Weibern, er macht auch geſchickt die Mutter im Leibe, und hilfft wohl zur Geburt.

135

Der Begriff *Wein=Artzt* in diesem Titel von 1753
ist im doppelten Sinne zu verstehen.
Das Buch gibt ebenso Ratschläge im Umgang mit
«kranken Weinen» wie mit «Krankenweinen».

Der
curieus - und offenhertzige

Das ist:
Sicher= und unschädliche Mittel, wie man dem Wein von der Kelter an, sorgfältig warten, wann er zu Schaden gekommen, ihm wieder helffen, und den Einheimischen in Fremde und andere Weine
verwandlen könne;

Nebst einem Anhang
von etlich hundert bewährt = und nutzlich=
öconomisch=physisch=magisch=und medicinischer
Kunst = Stücke,
welche
einem jeden sorgfältigen Hauß=Vatter zum Nutzen
zusammen getragen,
und
mit einem bequemen Register
versehen worden,
von
Einem Liebhaber der Oeconomischen
Wissenschafften.

Franckfurt und Leipzig, 1753.

Aus: Der curieus und offenhertzige Wein-Artzt, Frankfurt und Leipzig, 1753

EINER DER ÄLTESTEN KRÄUTERWEINE

Die erste Beschreibung seiner «Kraft und Wirkung» geht auf den griechischen Arzt Galen zurück, wie Arnoldus von Villanova in seinem Weintraktat mitteilt. Galen machte die Entdeckung dieses ärztlichen Weines bei einer Reise nach Persien. Arnoldus zitiert aus seinem Bericht: «Da ich zu Babilonia war, hab ich durch viel Emsigkeit und mit großem Bitten an einen heidnischen Arzt die Kraft des *moertawes*, das ist Rosmarin, vernommen, die er sehr geheim – also niemandem mitzuteilen – hielt und sprach: Seine

⸿ Wein von Roßmarin.

Von dē wein vō roßmarin gemacht (spꝛiche Galienus) Do ich zů Babilonia was/hab ich durch vil embſigkhait/ vnd mit groſſem gebet von ainem haidniſchñ Arczet die krafft des mőꝛtawes / das iſt roßmarin / vernoꝥen/ die er jm vaſt haimlich (als nyeꝥande mitzueailen hiele) vnd ſpꝛach/ Sein krafft iſt von den übertreffenlichſten würckhungen/als mit wein dauon gemacht/ mit baden darauſſ: Auch ſo mit ſeinen blůmen gemacht wirde / das iſt in der würckhung als der Balſam: darnach ſo von den blůmen ſeines krauts/vnd von gepꝛannten wein latwerig gemacht wirde.

Von Roßmarin wirde der wein/ in maß wie oben von andern weinen berürt iſt/berait. Derſelb wein hat wundbar aigenſchafft/ wañ er iſt nuczbar in allen kalten ſiechtagē: er macht gerecht die begird : von ſeiner wolriechung wirt die ſeel erfrewet: er ſterckt alle gelider: macht gerecht dz geäder er machet ſchön das antlicz/ſo es damit gewäſchen wirde: den muꝛd macht er/durch ſeinen bꝛauch/wol ſchꝥeckhent: ob das

Aus: Arnoldus von Villanova, Weintraktat, Ausgabe Wien, 1532

haupt damit gewäschen wirt/so fellt das har nit auß/sonder
es wirdt geniessen:sein gebrauch bewart den menschen vor
allen bösen platern : er verzeret böß feüchtigkait vñ melan=
coley: er sterckhet auß aigenschafft die substantz des hertzen/
vnd auß dem behelt er die leüt in jugent:vnd villeicht wer jn
stätz nützet/des leyb wirdt nymer faulen: die zän damit ge=
wäschen wirdt gesterckt das zanfleisch/vnd macht den mund
wolgeschmackh:ob der krebs damit gewäschen wirdt/es hai=
let pn:fistel vnd söllich aiß/werden dauon außgetrücknet vñ
rechtgemacht/vñ ob er etwañ auß langē siechtagē gekrenckt
oß getawbt/ain gebätes brot darauß emsigklich essen/macht
gerecht die begird/ vnnd sterckhet seine gekrenckte glider.
Vnnd söllicher wein mit regenwasser getemperiert / vnnd
sonderlich seine blůmen gekocht/vñ stäts getruncken/macht
es gerecht die lungensüchtigen vnd plůtrechßsnenden/das ist
ain zůsamen samblung des äytters vmb die brust.   Dieser
wein ist gůt wider den täglichen vnd viertäglichñ ritten: vñ
wider die sücht des hindern tails des hirns / darvon vergeß=
senhait kombt : er ist auch gesundt den hertzsüchtigen vñ der
vnwilligung: vnd für die roten růr: vnd ist das seiner höch=
sten würckhung aine / das er ist ain verweser des triackhers
wider gÿfft/oder ain grosse sicherhait in tranck vnd in speiß:
er sterckhet die schwachen krefft:vnnd ist gůt den/ die dy lid=
sücht vnd den zitter habent:gůt ist er zů dem Podengram:
er ist auch bequemlich allen weybern/vnd sonderlich die aine:
feüchten Complexion seind : er machet auch geschickht die
můter in dem leyb/vnd hilffet zů der geburt.

Aus: Arnoldus von Villanova, Weintraktat,
Ausgabe Wien, 1532 (Fortsetzung)

Kraft ist von den übertrefflichsten Wirkungen, sofern Wein
davon gemacht» wird.

Zu den hervorragenden Eigenschaften dieses Weines zählt
Arnoldus: «Er macht gerecht die begird, von seiner wolriechung wirt die seel erfrewet»; er stärkt das Herz und «behelt
die leüt in jugent»; er «sterckhet seine gekrenckte glider» und
ist gut denen, die «den zitter habent». Die entgiftende, zumindest vor Gift schützende Wirkung, die diesem Wein zugeschrieben wird, kommt auch dadurch zum Ausdruck, daß

Arnoldus ihn mit Galenus als «verweser des triackher wider gyfft» nennt, also als Ersatz für den Theriac.

Der Theriac war das wohl meist geschätzte Medikament, über das die Menschen lange Zeit zu verfügen glaubten. Seine Erfindung wird Andromachus (1. Jh. n. Chr.) zugeschrieben, dem Leibarzt Neros (37 bis 68 n. Chr.). Theriac wurde aus über achtzig Zutaten hergestellt, darunter Opium und das Fleisch der in Norditalien heimischen Redischen Viper. Er galt als «letztes Mittel» bei allen lebensbedrohenden Krankheiten und war bis weit ins 19. Jahrhundert in Gebrauch. Als Gegengift spielte der Theriac vor allem in der Pestmedizin die

Die Zubereitung des begehrten Medikamentes Theriac war kompliziert. Wegen der zahlreichen und zum Teil schwer erhältlichen Zutaten, darunter dem Fleisch der nur in Italien heimischen Redischen Viper, fürchteten die Menschen stets, von den Apothekern und Händlern betrogen zu werden. Dieser Händler versucht seinem Publikum die Wirksamkeit seines Theriacs mit einem Experiment zu beweisen. Erschreckt sollte die Schlange vor dem Mittel zurückweichen. Zumeist war sie für dieses Schauspiel aber einfach nur gut abgerichtet.

Nach einem Kupfer von H. Curti (1634–1718)

Über diese und weitere zwei Seiten hinweg preist
der Kirner Pfarrer Fridrich Helbach in seiner *Oenographia*
von 1604 die heilsamen Wirkungen
des Rosmarinweines.

---

von Kräuter Weinen. 151

Das XXI. Capitel

Vom Roßmarin Wein.

Vinum ex Libanoti.

Auß diesem edlen und wolriechenden Stämmlein/ wirdt in Herbst Zeiten ein guter vortrefflicher Wein zubereitet/ daß man deß Krauts wenig oder viel grün und dürr neme/ lasse drüber einen guten Most verjehren unnd nachmals zum Gebrauch behalte.

Dieser Wein zertheilt und macht subtil alle grobe feuchtigkeit jnnerlich und eusserlich zugebrauchen. *Grobe feuchtigkeit.*

Dieses Weins Abends und Morgens einen guten Trunck gethan 3. oder vier Stunden darauff gefastet/ treibet wunderbarlich den weissen Weiberfluß/ so von Geschwer sich erheben/ und heilt die versehrte muliebria. *Weisser weiber Fluß. Versehrte muliebria.*

Also genützt zertheilt unnd führt auß die Gelbsucht/ wehret dem Keichen/ eröffnet die Lufftröhr an der Lungen/ auch so jemandt einen kurtzen Athem hat/ also daß einer baldt heiser wirdt baldt wiederumb hell reden kan/ macht außwerffen/ hilfft der Däwung/ treibt auß dem Magen alle crudas materias, seiner grossen Wärme wegen/ Läst keinen Gifft schaden/ Stilt das Grimmen/ reiniget das Geblüt unnd macht schwitzen/ wo man nach dem Trunck sich im Bette zugedeckt still behelt. *Gelbsucht. Keichen. Lufftröhr. Lungen. Kurtzer athem. Außwerffen. Däwung. Gifft. Grimmen. Geblüt reinigen.*

Er bringt auch die Sprachlosen wiederumb zu der Sprach/ erweckt die Vernunfft/ unnd weret der Ohnmacht/ Unnd Summa/ macht er vor allen Kräuterweinen das Hertz frölich/ den Muth leicht/ und den Leib wolgestalt/ denn er wol nehret/ unnd die vitales Spiritus recreirt und ergetzet. *Sprachlosen. Vernunfft. Ohnmacht.*

zentrale Rolle. Sein Ruf in damaliger Zeit ist dem vergleichbar, den das Aspirin oder – besser noch – das Penizillin in
unserem Jahrhundert lange beanspruchen konnte.

Am ausgiebigsten hat sich der Kirner Pfarrer Fridrich Helbach mit dem Rosmarinwein befaßt. Er lobt ihn über volle
drei Seiten in seiner *Oenographia* von 1604. Helbach beginnt
mit der Anwendung in der Frauenheilkunde und breitet in
der Folge eine Fülle von Krankheitsbildern aus, bei denen
nach seiner Kenntnis die heilende Kraft des Kräuterweines
belegt war. Wenn man den Puls damit befeuchte, «so teilt er
von Stund an seine Krafft dem Hertz und Hirn mit». Diese
Doppelwirkung auf Herz und Hirn kennzeichnet den Wein
als ein Remedium, das wegen seiner «aufhellenden» Wirkung
geschätzt wurde, die es auf den psychischen Allgemeinzustand
des Patienten haben sollte. Nach Helbachs Ansicht hilft der
Rosmarinwein bei Lungenkrankheiten ebenso wie bei «Kar-
funkel, Blattern, Grindt und Pest», gegen Verstopfung und
«Melancholey». Und er erscheint als ideales Stärkungsmittel
für den Rekonvaleszenten: «Ist jemand von einer langwierigen
Krankheit gesund geworden, der nehme geröst Brot vndt
dunck es in diesen wein, brauch es also nüchtern, strew Zuk-
ker drauff, das bringt die verlorne Lüst wieder, vund thut den
Magen wohl.»

Nach Helbach gilt der Rosmarinwein nicht nur bei den
Männern als «hormonförderndes» Mittel, was schon bei Galenus belegt ist, er «behilfft auch bei weiblicher Unfruchtbarkeit: macht sie emphahen ob man gleich schon lange Zeit an
demselben verzweifelt hat».

Allerdings ist der Kirner Pfarrer nachgerade als Kräuterweinenthusiast zu bezeichnen. Mit seinen über hundert vor-
gestellten Kräuterweinvarianten ist nahezu jegliches gesundheitliche, ja sogar manches psychische oder gar moralische
Problem zu lösen. Seinen zölibatären Mitbrüdern beispielsweise empfiehlt er den Weinrautenwein «weil er ein sehr nützlicher Tranck denjenigen, so Keuschheit zu halten gelobt,
vnnd geschworen haben».

In dem diätetischen Lehrbuch des Platina
Von der Eerlichen, zimlichen auch erlaubten Wolust des Leibes,
das erstmals im Jahre 1542 in deutscher Übersetzung erschien,
heißt es vom Rosmarin:
«Die Blümen bey zeit uffgelesen und ungewaschen...
dienet trefflich zur Wolust und Gesundheit».

Von der eerlichē
zimlichen / auch erlaubten Wolust des
leibs/ Sich inn essen/trincken/kürtzweil ꝛc. allerlay vnnd man-
cherlay Creaturen vnnd gaabenn Gottes / Visch / Vögel / Wildpret / Frucht
der erden ꝛc. mit Gott / allen eerē / auch gesundthait des menschens / mit dancksagung zů
gebrauchen mügen / von allen Weisen / Erbaren vnd gelerten / besonders den Artz-
ten gerathen / zůgelassen vnd gestattet / sein ordenlich hie in ꝟ. bücher gesetzt / gekocht / vnd auff den tisch sein lustig berait vnd auffgetragen wirt / Durch
den hochgelerten Philosophum vnd Oratorem / das ist weysesten
vnd beredtesten Herrn / Bap. Platinam von Cremona / vnder
Friderico iij. dem Römische Kaiser gelebt / im Jar 1481.
jetz jüngst grüntlich auß dem latein verteütscht / durch
M. Stephanum Vigilium Pacimontanum.
Jm jar / M. D. XXXXII.

Surge Petre, macta et uescere.

Vnd zwar Gott hat sich selbs nicht vnbezeüget gelassen / hat vns vil gůts ge-
thon / vnd vom himel regen vnnd fruchtbare zeitung geben / vn-
sere hertzen erfüllet mit speiß vnd freüden ꝛc. Acto.xiiij.

Für blutjunge Subjekte

verboten

Neben seiner althergebrachten Rolle beim Hochzeitsritual und seiner Würzkraft in der Küche stand der Rosmarin immer in hohem medizinischem Ansehen. Der Spanier Bartholomeo Sacchi la Platina (1421 bis 1481) schreibt in seinem Buch *Von der Eerlichen, zimlichen auch erlaubten Wolust des Leibes,* das 1542 in Augsburg auch in deutscher Sprache erschien: «Die Blümen bey zeit uffgelesen und ungewaschen, daß sie nicht ihre Krafft verlieren, mit Essig, Saltz und Oel (an-)gemacht, dienet trefflich zur Wolust und Gesundhait.» Der *Platina Cremonensis,* wie das Buch mit der «Wollust» im Titel zumeist genannt wird, ist eines der frühen diätetischen Werke der Renaissance, das eine ganzheitliche Lehre vom gesunden Leben vorlegte und nahezu alle Lebens- und Arbeitsbereiche des Menschen in seine Betrachtung einbezog.

Die *Koch und Kellermeisterey* von 1566 beschränkt sich, wie die meisten der volksmedizinischen Weinbücher, auf die Angaben aus des Arnoldus' Weintraktat. Aber selbst in der kurzgefaßten Form wird das breite Anwendungsspektrum deutlich. Der Rosmarinwein stärkt den Menschen, vor allem im Alter, und erhält – innerlich wie äußerlich angewendet – die Jugend.

Der Wiener Kleriker und Buchhändler Johann Rasch trug in seinem *Weinbuch* von 1580 nicht nur die über 200 Stellen zusammen (andere Autoren sprechen von 400), bei denen der Wein in der Bibel Erwähnung findet, er hatte auch die psychosomatische Heilwirkung des Rheingauers mit folgenden Verszeilen gepriesen:

Was den Rosmarinwein betrifft, besteht auch Rasch auf
seiner universellen Heilkraft. «Gedachter wein wird wunderbarlich zu vilen kranckheiten geprisen, vnnd als ein krefftig
hailsam tranck gelobet.»

In späterer Zeit verordnete Pfarrer Sebastian Kneipp (1821
bis 1897) den Rosmarinwein bei Störungen des Nervensystems, bei Herzleiden und «Herzwassersucht». Über mehrere
Monate hindurch sollte der Patient davon täglich zwei Gläser
trinken. Ein Glas täglich förderte nach Kneipp die Urinaus-
scheidung und wirkte beruhigend. Entsprechend den an alten
und überkommenen Indikationen verordnete er den Wein
auch gegen «weißen Fluß bei den Frauen».

In der Homöopathie ist eine Rosmarintinktur zur Behandlung von Kopfschmerzen, Gedächtnisschwäche und Kahlköp-
figkeit in Gebrauch. Der schon erwähnte Freund des Rheingauer Weines, Professor Friedrich Hoffmann aus Halle, lobte
Anfang des 18. Jahrhunderts den Rosmarintee als Mittel
gegen Unfruchtbarkeit, verbindet seine Anwendung aber
ausnahmsweise nicht mit Wein.

Zum gleichen Zweck übrigens war der Rosmarinaufguß im
Mittelmeerraum schon immer im Gebrauch. Georg Friedrich
Most (1794 bis 1852) merkt in seiner *Enzyklopädie der Volksmedizin* von 1843 allerdings an, daß er den «blutreichen jungen Subjekten verboten» war, weil sich das Mittel in stärkerer
Konzentration sehr wohl als Abortusmittel eingebürgert hatte, «namentlich bei jungen, gegen ihren Willen schwanger
gewordenen Dienstmädchen», wie er schreibt. In der ausge-

wogenen Dosierung des Rosmarinweines macht er aber, wie Arnoldus schon wußte, «geschickeht die (Gebär-)Mueter in dem Leyb, und hilfft zue der gebuert».

Fast alle Überlieferer dieses hochgeschätzten Kräuterweines stimmen darin überein, daß er als universales Stärkungsmittel zu betrachten sei. Beim Geschmack übernehmen die ätherischen Öle des Rosmarins die Herrschaft, was den Wein dem mit Harz konservierten griechischen Retsina ähnlich macht. Manch einer würde sich den Rosmarinwein allein schon deshalb verordnen lassen, weil er «hilft gegen das Vergessen, gegen Sprachlosigkeit», und manchem würde man ihn herzlich gern verschreiben, denn er «erwecket die Vernunfft».

Als wichtigste Inhaltsstoffe des Rosmarins sind heute die *Labiaten*-Gerbstoffe und das ätherische Öl geschätzt, die beide noch in einer Reihe von Naturheilmitteln enthalten sind. Sie finden sich auch in durchblutungsfördernden Salben, die bei Erkältung angewendet werden, in schmerzlindernden Einreibemitteln bei rheumatischen Erkrankungen und gehören auch zu den Inhaltsstoffen des «Kölnischen Wassers». Nebenwirkungen des Rosmarins sind nicht bekannt.

«Der Rosmarin». Holzschnitt von David Kandel, um 1546

Von Basilienwein.

Aus den dürren Basilien wird ein Wein zubereitet/zur Zeit der Weinlesung/wann man den süssen Most hat/ daß man denselbigen darüber verjähren läßt/wie bey dem Wermuthwein ist vermeldet worden. Dieser Wein soll riechen wie ein Muscateller / und eines guten Geschmacks seyn: Wird fürnemlich den schwärmüthigen und traurigen melancholischen Personen gegeben und dargereicht. [Kräfftiget und stärcket den Magen: machet wol däuen/und zertheilt den Schleim und Husten/ Abends und Morgens getruncken.]

Schwermut

Magen stärcken.

Aus: Jakob Theodor Tabernaemontanus,
New vollkomen Kräuter=Buch,
Ausgabe Basel, 1731

DER BASILIKUMWEIN

Als im Jahre 1613 das *New vollkommen Kräuterbuch* des Jakob Theodor von Bergzabern (1520 bis 1590), der sich nach seinem Heimatort «Tabernaemontanus» nannte, im Druck erschien, waren darin medizinische Weine in großer Zahl aufgenommen worden. Der Text zum Basilikumwein, der diesem Buch entnommen ist, läßt keinen Zweifel daran, wo man seine besonderen Heilwirkungen vermutete. Er war das Mittel gegen Schwermut und diente der Stärkung des Magens. Aber nicht immer war der Ruf des Krautes so unangefochten.

Das heute wieder so beliebt gewordene Würzkraut stammt aus Indien und ist von dort her in den Mittelmeerraum eingewandert. In Deutschland findet es sich erst im 9. Jahrhundert. Seinen lateinischen Namen *Ocimum basilicum,* der auf den Duft und den Reichtum an ätherischen Ölen hinweist, führt man auf das griechische *ozein* = riechen zurück. Die Pflanze, die in der Volksmedizin auch Herrenkraut oder Königskraut (als Ableitung von *basileus* = König) genannt wurde, war in der frühen Medizingeschichte arg in Verruf geraten. Die unfreundlichen Eigenschaften, die man ihr zuschrieb, gehen auf die Plaudereien Plinius des Älteren zurück. Er berichtet von jenem Arzt Chrysippus (gest. um 208 v. Chr.), dem Lehrer des Diogenes Laertios, der dem Basilikum recht unsympathische Wirkungen nachgesagt hatte. Es schade nicht nur den Augen, sondern berge auch die fatale Eigenschaft, daß zerquetschte Pflanzen Skorpione hervorbrächten. Und die gehörten um das Mittelmeer herum zu den gefürchtetsten Giftträgern. Darüber hinaus sagte man dem armen

Kraut auch noch nach, daß aus seinen Blüten und Stengeln, sobald sie unter der Sonne vertrockneten, sogar Würmer entstünden.

Auch bei Galenus finden sich Belegstellen für diese Ansicht, und Dioscurides verbreitete die Mähr, daß aus Basilikumkraut die Läuse entstünden. Eine der Ursachen für den arg geschädigten Ruf der Pflanze führt man auf eine Namensverwechslung mit dem Basilisken zurück, jenem Unglück bringenden mythischen Untier, das aus dem Ei eines Hahnes geboren wurde, sofern der denn ein solches zu legen verstand.

Mittel Basilien.
II. Ocimum medium sive citratum.

Basilikum, Holzschnitt aus Tabernaemontanus,
New vollkommen Kräuter=Buch,
Ausgabe Basel, 1731

Ein vermaledeytes Kraut

Dieses Wissen von dem «hoch vermaledeyten» Kraut, wie Otto Brunfels (1489 bis 1534) in seinem *Contrafayt Kreüterbuch* von 1532 sagt, war mit dem Niedergang der Medizin ebenso verlorengegangen wie das Wissen der Kräutermedizin überhaupt. «Wie vor wenigen Jahren die Erkenntnuß fast aller Kreüter bey dem mehrern Theyl der Ärzt also ganz und gar erloschen ist gewesen und in einen Abgang kommen, daß man wenig Ärzte gefunden hat, die zehn Kreüter recht und gründlich erkennet haben, dieweil sie sich mit diesem Handel nit sehr bekümmert, sondern denselben auf die alten Weiber und ungelernte Apotheker geschoben.» So beklagt Leonhart Fuchs (1501 bis 1566) in seinem *New Kreütterbuch* von 1543 diese Entwicklung. Erst in der Renaissance fand eine Wiederentdeckung der antiken medizinischen Autoren statt und damit – vergleichbar mit unseren Tagen – auch die Wiederentdeckung einer naturwissenschaftlichen Kräutermedizin.

Im Falle des Basilikums führte das allerdings dazu, daß auch die alten Vorurteile wieder aus der Versenkung auftauchten. Vor allem die Schriften des Dioscurides, der das Kraut für blähend und schwer verdaulich hielt, wurden jetzt wieder herangezogen. Dennoch hatte auch Dioscurides die positiven Wirkungen des duftenden Krautes nicht unterschlagen. Er schrieb ihm harntreibende und in der Schwangerschaft milchfördernde Wirkung zu. Ebenso nützlich hielt er das Kraut bei Augenbeschwerden: «Basilien allein oder mit griechischem Wein vermischt, sänfftigt den Schmerz der Augen.» Was den alten Mythos von seiner Skorpion-zeugenden Kraft betraf, überliefert er eine eigene Variante: «Die Innwohner der Landschaft Lybia» seien der Meinung, «wer Basilien gessen hat und von den Scorpionen gestochen würde, der empfindet nach deren in Lybia Zeugniß, davon keine Schmertzen».

Vielleicht waren es gerade diese ambivalenten Nachrichten, die bei den neuen Kräuterforschern die Neugier anstachelten. Brunfels hatte schon 1532 den schlechten Ruf des Krautes bezweifelt, «dann so vil ich selbst erkundet unnd erfaren, erquickt es die geyster, stercket das feücht hyrn, krefftiget das hertz, macht nyeßen». Daß die medizinische Entdeckung des Heilkrautes nur zögerlich vor sich ging, mag vielleicht auch daran gelegen haben, daß der aus dem Süden kommende Fremdling in unseren Breiten seinen Samen nur in den Weinbauregionen zur Reife brachte.

Die Pflanze war also nicht immer leicht zu haben. Möglicherweise geben die erfolglosen Versuche, die Pflanze anzubauen, den Hintergrund für jene Regel ab, die Brunfels übermittelt und die in ähnlicher Form auch für die Petersilie überliefert ist: «Es ist auch der Brauch bei den Alten geseint, wann man dißes Kraut hat wollen sähen und pflanzen, dazu müssen übel fluchen und bös Wort sprechen.»

Bei unseren Nachbarn hingegen erfreute sich das Kräutlein großer Beliebtheit. Der frühe Naturforscher Konrad von Megenberg (1309 bis 1374) weiß zu berichten, daß «die gelehrten Männer in Paris» die duftende Pflanze «in ihren Gärtchen vor ihren Schlafkammern ziehen». Sie nutzten also genau jene Wirkung des Krautes, wegen der es noch heute in Spanien verwendet wird, wo es in der Küche allerdings nicht wirklich Gnade gefunden hat. Man stellt es in die Fenster, weil sein Geruch die Fliegen abwehren soll.

Erstaunlicherweise finden wir das Basilikum auch in der medizinischen Praxis des mecklenburgischen Arztes Konrad Schwestermiller, dessen herzstärkender «Goldtrank» eingangs schon erwähnt wurde. In seinem *Pestregiment* von 1485 nennt er neben Rubin, Smaragd und Ambra auch die Blätter des *basiliconis* unter den 34 Zutaten seines *Bezoar-Pulvers* –

Neben Rubin, Smaragd und Ambra gehörten auch die Blätter
des Basilikumkrautes zu den 34 Zutaten des «Bezoar-Pulvers»,
das der damals in Berlin wirkende Arzt Konrad Schwestermiller
in seinem *Pestregiment* von 1485 beschreibt und
«das den Menschen von dem Pesttod retten» sollte,
wie er eingangs bemerkt.

Die recept Puluis bezoartici. das ist ein puluer dz
ten menschen von tem tod erlesentz ist.
℞. Cinamomi Croci. zewarte Galeriane Pinpinelle Tormentl
le Corticú citri Diptam albi Umeatorici. ana. ʒ. ı. Sandaloꝛú rubro
rú Sandaloꝛú citrinoꝛú Rarabe albi coloꝛis Doronici Terze sigilla
te Seminis ꝛ fohoꝛum basiliconis Melisse Amoꝛane Enule campa
ne Rosaꝛú rubeaꝛú Gariofhilloꝛú Macis Nucis muscate. ana. ʒ. ʒ.
floꝛú scabiose floꝛú boꝛagis floꝛú buglosse floꝛú antbos Cornu cer
ui ustí Coꝛaꝛú pꝛeparari Seinis acetosi Kure Calameú. ana. ʒ. ıj.
Boli armeni lb. ʒ. Ligni aloes Ossis tt corte cerui Specierú electua
rú te gēmis Spērú lenificantiú almasonis Spērú lenate galieni Spe
cierú dyaroton abatis . ana. ʒ. i. Margaritarú Pacineú Rubini Sma
ragoi Sapbiri. ana. ʒ. ʒ. Muscî Ambꝛe. ana. ʒ. v. Misce ꝛ fiat puluis
subtilis,

damals übrigens eine pharmazeutische Novität in der Pest-
bekämpfung, wie Schwestermiller behauptet, für deren Entdeckung er zwar die antiken Ärzte zu Rate gezogen habe,
deren Urheberschaft er jedoch ausdrücklich für seine Person
reklamiert.

Vorwiegend in den Weinbauregionen, so scheint es, be-
schäftigten sich die Wiederentdecker der Kräutermedizin mit
den heilsamen Wirkungen des Basilikums. Der Kauber Arzt
Johann Wonnecke ist einer der ersten, der in seinem *Gart der
Gesundheit* (1485) jene Heilwirkung mitteilt, die bald zur besonderen Eigenschaft des Basilikums gezählt werden wird.
«Von den samen mit wyn getruncken ist fast (= sehr) guet den
drurigen menschen und die mit grosser fantasy umb gan.»

Dennoch sind bis ins 18. Jahrhundert die neuen Basili-
kumanhänger und die alten Basilikumverächter wegen der
«altvätterischen Mährlein», wie der Giessener Biologe und
Kräuterkenner Michael Bernhard Valentinus 1719 schreibt,
in zwei Lager gespalten. «Ist derowegen schade, daß man diesem herrlichen Kräutchen solche blame gemacht und dadurch

verhindert hat, daß es biß daher so langsam zur Artzeney gezogen worden.» Valentinus jedenfalls glaubte entdeckt zu haben, daß es ein hervorragendes Mittel sei bei Hautkrankheiten, Schlagflüssen, Schwindel, Schlafsucht, (Gebär-)Mutterbeschwerden und bei Koliken.

In der Tat weitet sich das Anwendungsgebiet des Basilikums bald in einem solchen Umfang aus, daß es dem Universalmittel der Hildegard von Bingen, der Melisse, fast den Rang streitig machte. Nach den Kräuterbüchern des 17. und 18. Jahrhunderts wird ihm heilende Kraft bei der Erkrankung zahlreicher Organe zugeschrieben, darunter Lunge, Magen, Darm, Blase, Nieren, Augen, Ohren, bei Erkältungen, Ohnmachten, Kopfweh, Keuchhusten, Rheumatismus, Lähmungen, Schlaganfällen, Husten, Erbrechen und Blähungen.

Ein Kraut wider die Kopfhängerei

Spätestens mit dem Anfang des 17. Jahrhunderts rückt das Basilikum zum bevorzugten Mittel gegen jenes Leiden auf, das bis zum Anfang des 18. Jahrhunderts Konjunktur hat, «die Melancholey». Im *Tabernaemontanus,* dessen Rezept des Basilikumweines eingangs vorgestellt wurde, werden zahlreiche Indikationen ausgebreitet. Neben dem Kräuterwein gegen die Melancholie werden auch zwei weitere Symptomfelder genannt, die für die damalige Zeit in einem engen medizinischen Zusammenhang stehen. «Das Kraut bewegt zu ehelichen Wercken.» Und «es dienet für alle Mängel und Gebrechen des Hertzens, wehret den schwären Gedancken, Schwärmuth von Melancholey verursacht, leget das Herzzittern und erwecket im Menschen Freud und Muth».

Nach der auf Hippokrates zurückgehenden «Humorallehre» bestand Gesundheit in einem ausgeglichenen Verhältnis der vier Körpersäfte Blut, Schleim, gelbe und schwarze Galle. Abgeleitet von diesen vier Säften, sind uns noch heute die «vier Temperamente» bekannt. Ihr Typus wurde durch die jeweilige Vorherrschaft eines der vier Säfte gebildet. Beim Sanguiniker war es das Blut, beim Phlegmatiker der Schleim, beim Choleriker die gelbe und beim Melancholiker die schwarze Galle *(melos,* griech. = schwarz) vorherrschend.

Die Melancholie, die den alten Ärzten als körperlich bedingte Erkrankung des Gemütes galt, konnte ihre Ursache in zahlreichen organischen Störungen haben. Sie entstand beispielsweise durch die Stauung bestimmter Körpersäfte oder durch Dickflüssigkeit des Blutes, weshalb man «zur Ader ließ». Friedrich Hoffmann beschrieb 1722 diesen psychoso-

matischen Vorgang auf folgende Weise: «Wenn nun das Ge-
blüte in den Gefässen deß Gehirns sich stark aufgehäufft hat,
und daselbst stocket, so verfället ein Mensch in tieffsinnige
Gedanken, Traurigkeit, Schrecken, Furcht, und macht sich
allerhand närrische Einbildungen.»

Für die Dickflüssigkeit machten die Ärzte unter anderem
den verhinderten Abfluß von Körpersäften verantwortlich.
Man rechnete dazu nicht nur Verstopfungen im Blasen- und
Darmbereich, sondern auch die ausbleibende Menstruation
der Frau, den mangelnden Milchfluß bei Kindbetterinnen
und unterlassene Sexualität beim Mann. Wenn Basilikum
also zur Verflüssigung der Körpersäfte beitrug, war es zugleich
förderlich für die «ehelichen Werke». Folglich war ein Heilmittel, mit dem man das eine Symptom wirksam behandelte,
auch ein erfolgreiches Mittel für die anderen Beschwerden.
Wenn auf diese Weise die Humorallehre auch recht verein-
facht und etwas holzschnittartig dargestellt ist, wird doch
deutlich, warum unter den Anwendungsgebieten bisweilen
scheinbar so weit auseinander liegende Krankheitsbilder vertreten sind.

«Aderlaß an einer Frau». Holzschnitt aus: A. Sytz, Traktat vom Aderlassen,
Landshut, 1520 (Ausschnitt)

154

Als Behandlungsmittel der Melancholie nahm in der hippokratisch-galenischen Medizin ohnehin der Wein eine hervorragende Stellung ein. Kein Wunder also, daß wir den Wein zusammen mit dem Basilikum um so häufiger in medizinischer Nachbarschaft finden, je mehr die Melancholie zu einer der typischen Zeitkrankheiten wird. Solange die antimelancholische Wirkung des Krautes noch nicht gefestigt ist, steht der Wein noch allein, wie beispielsweise in Walter Ryffs schon zitiertem *Kochbuch für die Kranken* aus der Mitte des 16. Jahrhunderts. Er verordnet denen, «so zu der Melancholey in sonderheyt geneygt seindt», als tägliches Getränk einen leichten und süßen Wein.

Überall dort, wo die antimelancholische Wirkung nicht mehr in Frage gestellt war, wie etwa in Leonhart Fuchsens

Von Getränck.

Sn disem fall/nemlichen denen so zu solcher harten sucht der Melancholei geneygt/darauß zu letzst die Melancholisch wanwitzigkeit volgen möcht/sol man zu jrem täglichen tranck nit starcken wein geben/deßgleichen auch nit der seer subtil ist/vnnd vast über sich in das haupt reucht. Der bequemest wein sol zimlich sein/in krefften vnnd sterck ein wenig süß.

Aus: Walter Ryff, New Kochbuch / Für die Krancken, Frankfurt, 1545

Von Getraenck.
In disem fall / nemlichen denen so zu solcher har-
ten sucht der Melancholei geneygt / darauß zu
letzst die Melancholisch wanwitzigkeit volgen
moecht / sol man zu jrem taeglichen tranck nit starcken
wein geben / deßgleichen auch nit der seer subtil ist /
vnnd vast über sich in das haupt reucht. Der beque-
mest wein sol zimlich sein / in krefften vnnd sterck ein
wenig sueß.

Kreuterbuch von 1543, finden wir das Basilikumkraut und den Wein in freundlicher Verbindung als willkommene gegenseitige Bestärkung ihrer die Traurigkeit brechenden Wirkung. Zur Heilkraft des Basilikums meinte Fuchs: Es «macht freüd, denen so von der schwartzen Gallen in Traurigkeit fallen». Einig waren sich die meisten Ärzte, daß bei diesem Seelenzustand eine Therapie dringend geboten war. Worauf eine psychosomatisch orientierte Medizin heute wieder aufmerksam zu machen sucht, das hatte Friedrich Hoffmann in seinem *Gründlichen Unterricht* von 1722 schon so formuliert: «Ja wenn wir die Wahrheit bekennen sollen, so sterben mehr Leute an Gemüths- als Leibs-Krankheiten.»

Die enge Beziehung, die beide, Kraut und Wein, beim Vinifizierungsprozeß eingingen, verlieh ihnen darüber hinaus noch eine weitere und sehr geschätzte Qualität. Der «Basilienwein wird (nicht nur) fürnemlich den schwermütigen und traurigen, melancholischen gegeben und gereicht», wie der Kirner Pfarrer Helbach in der *Oenographia* schreibt, sondern er «ri(e)cht und schmecket wie Muskateller». Diese aromatische Bereicherung war für manche der häufig schwachen, sauren und oxydierten Weine ein rechtes Glück. Aber nicht überall hat man das so sehen können. Nach Hönns *Betrugslexikon* von 1753 zählte es zu den typischen Sünden der Weinschenken, wenn sie in betrügerischer Absicht «unter die Weine und Möste Kräuter und Blumen, sonderlich Scharlachbeer, Holunderblüth, Basilienkraut ect. thun, damit solche ebenfalls einen lieblichen Geruch bekommen und wie Muskateller schmecken».

Wer auf reinem Wein bestand und dem Muskatellergeschmack mißtraute, konnte dieser Kontroverse beim Basilikumwein leicht aus dem Wege gehen. Er wendete ihn eben nur äußerlich an. Helbach, unserer Kräuterweinenthusiast, kennt auch solche Anwendungsgebiete des Basilikumweines. Nach seinem Zeugnis hilft er äußerlich bei Geschwulsten, vertreibt Warzen «und um den Schaff (= Schläfe) gestrichen, wendet er die Ohnmacht».

MELANCHOLIE UND
ZEITGEIST

Nun könnte man aus heutiger Sicht zu der Vermutung gelangen, daß vielleicht das wohlschmeckende Heilmittel Basilikumwein selbst die Ursache für die vom 15. bis 18. Jahrhundert so verbreitete Melancholie war. Aber damals tranken die Menschen ihren Wein furchtlos, ohne lange nach Anlässen und Vorwänden zu suchen. Nein, die Melancholie hatte fast alle überfallen. Die Zahl der Patienten wuchs täglich. Die «schöne Kunst der Kopfhängerei», wie der Literaturwissenschaftler Ulrich Horstmann das «häufig angeschwärzte Gefühl» in der Neuausgabe von Burtons Melancholie-Buch aus dem 17. Jahrhundert liebevoll und verteidigend nennt, war gewissermaßen die typische Gefühlslage der Epoche.

Der englische Literat und Theologe Robert Burton legte 1621 in seiner *Anatomie der Melancholie* eine großartige Beschreibung dieser Zeitkrankheit vor. In dem umfangreichen und heute noch lesenswerten – weil trotz allem auch vergnüglichen – Buch beschreibt er den labilen Zustand seiner Zeitgenossen: «Von diesen melancholischen Anwandlungen ist keine lebende Seele frei. Niemand ist ein vollendeter Stoiker, niemand so weise, so glücklich, so geduldig, so großmütig, so fromm, so göttlich, daß er davon unberührt bliebe. Er mag in bester Verfassung sein, ab und an und manchmal mehr, manchmal weniger fühlt er doch diesen Schmerz. Melancholie als das Signum der Sterblichkeit.»

Vor allem in der verwirrten und verwirrenden Zeit des Dreißigjährigen Krieges (1618 bis 1648) spiegelten sich in der allgegenwärtigen Schwermut die bedrückenden Lebensumstände der Menschen. Der arme Mann freilich litt, ohne das «Melancholey» zu nennen, auch wenn er das geläufige Medikament, den Wein, als Gegenmittel verwendete. Die «Schwarzgalligen» waren vorwiegend in der Schicht der Reichen zu Hause. Sie gehörten vor allem zu jenen, denen der Krieg den Reichtum genommen oder sie mit ein paar anderen bösen Lehren bedacht hatte. Aber auch jene waren schwermütig, deren Reichtum nur aus dem neuen Wissen bestand, den naturwissenschaftlichen Entdeckungen und Erfindungen. Dieses neue Wissen jedoch reichte nicht aus, die neue Unübersichtlichkeit, die damit zugleich über die Menschen hereingebrochen war, in Schach zu halten.

In ihrem Krankheitsgefühl spiegelte sich nicht nur Empörung und Ohnmacht angesichts der Absurditäten des Weltenlaufes, angesichts der Paradoxe des Lebens. Es war zugleich der zeitgenössische Ausdruck eines neu entstandenen, säkularen Bewußtseins von der Endlichkeit des Lebens, dessen Verluste nicht mehr wie ehedem in einem Jenseits aufzuholen waren. Es war die Kränkung derer, die daran gehindert waren zu handeln, die in einen Zwischenraum versetzt waren, zwischen *vita activa* und *vita contemplativa*. Sie standen vor der Kinderfrage: Warum ist die Welt so, wie sie ist? Eine Frage, die sich wie der Widerspruch von Endlichkeit und Unendlichkeit, von Begrenztheit und Unbegrenztheit nur mit Melancholie beantworten läßt. Anders als die Depression, die Fühllosigkeit, waren sie durch die Melancholie in eine Art Exil verbannt, in eine Zwischenzeit der Wehmut, des Abschieds und des Rückzugs, in der das Verlorene aus der Erinnerung hervortritt und betrauert sein will. Zugleich aber auch ein Zustand, der dem kreativen Aufbruch nahezu zwangsläufig vorausgeht, ihn vorbereiten kann.

Die Zeit also ist reich an Basilikumwein, an Melancholie und an jenen Ratgebern wie dem *Antimelancholicus* des August Pfeiffer (1640 bis 1698), der 1694 in Leipzig schon in zweiter Auflage erscheint. Mit seinen über 1000 Seiten bot sich das Buch als voluminöse «Vorratskammer allerhand Tro-

Für den Leipziger Theologen und Prediger August Pfeiffer
war die Melancholie vor allem eine Glaubensanfechtung.
Aber auch er empfahl seinen geistlichen Mitbrüdern und den
«rechtschaffenen Christen» in seinem *Melancholey=Vertreiber* von 1694
unter anderem als Gegenmittel:
«Trink deinen Wein mit gutem Muth.»

D. AUGUSTI Pfeiffers
ANTIMELANCHOLICUS,
Oder
Melancholey-Vertreiber/
Welcher
denen Candidatis Ministerii und
angehenden Predigern
PROMPTUARIUM CONSOLATIONUM,
Eine
volle Vorraths-Kammer allerhand Tro-
stes in allen leiblichen und geistlichen Anliegen;
Allen rechtschaffenen Christen aber
ANTIDOTUM TENTATIONUM
Ein bewehrtes Mittel wider alle vorfal-
lende Anfechtung an die Hand giebt.
Mit einem dreyfachen Register.

LEIPZIG/
Bey Thomas Fritsch/ 1694.

159

stes» an, wie der Autor und Archidiakon an der Leipziger Thomaskirche werbewirksam auf dem Titelblatt vermerken läßt. Kapitelweise durchpflügt er die tiefsitzende Traurigkeit seiner Zeitgenossen, beackert unter immer neuen Leitgedanken die schwarzen Seelen seiner Leser und versucht Trost und Ratschläge zu geben. Selbst auf den letzten Blättern seines Buches, auf Seite 1046, beginnt er noch einmal beharrlich von vorne, gegen die Ratlosigkeit seiner Leser anzurennen, die er klagen hört: «Ich weiß keine Krankheit des Leibes zu nennen, und dennoch bin ich nicht gesund. Das Hertz steht mir gleichsam in einer Presse, es klopft und zappelt ängstiglich; es vergeht mir die Lust zu Essen und Trinken, der Schlaff und die Nacht-Ruh wird verstöret, das Haupt ist mir wüste.»

Pfeiffer ist Theologe und ein renommierter Prediger seiner Zeit. Seine Geduld scheint grenzenlos, auch wenn seine Ratschläge immer der gleichen Kadenz folgen: religiöse Übungen, Gebete und Gottvertrauen. Aber dann findet er doch den Schlußpunkt für sein dickleibiges Werk. Er kommt bei jenem biblischen Zitat aus *Ecclesiasticus 9,7* an, mit dem er hofft, seine Leser von damals und auch die modernen Kopfhänger von heute tröstlich entlassen zu können. «Schlage auch nicht aus eine mäßige Freude, iß dein Brod mit Freuden, trinck deinen Wein mit gutem Muth, denn dein Werk gefällt GOTT» – ein Wort übrigens jenes weisen biblischen Autoren Sirach, der im 31. Kapitel seines Buches zu dem Schluß gekommen war: «Was hat der für ein Leben, der des Weines entbehrt?»

Der Wein als solcher, der gute Wein und keineswegs der «Rheinwein» allein, wie es im *Granat-Apffel* heißt – und wie an dieser Stelle nachdrücklich betont werden soll –, war stets das geeignete Mittel gegen die Melancholie. Aber die zeittypische Krankheit der Schwermut war es, die dem Basilikumwein seine hohe Zeit brachte. Der Borretschwein zum Zweck der Melancholiebekämpfung hat in bestimmten Regionen allerdings eine fast gleich große Verbreitung gefunden. Diese Pflanze war eben leichter zu ziehen als das wärmeliebende Kraut aus dem Süden, das hierzulande gegen Ende des 19. Jahrhunderts fast völlig aus Küche und Keller verschwand. Vielleicht wurde es aber auch nur vergessen wegen seines zweifelhaften Rufes, den der geschätzte Kräuterkenner Adamus Lonicerus (1528 bis 1586), auch er Mathematiker und Stadtphysicus zu Frankfurt am Main, in seinem immer wieder aufgelegten *Kräuterbuch* nach alter Tradition schürte. «Das Kraut reucht fast (= sehr) wohl, und stärcket dem Menschen das Hirn. Aber welcher ein kranck Hirn hat, dem ist es schädlich.»

Dank unseren italienischen Nachbarn und dem neu entstandenen Mittelmeertourismus kehrte das Basilikum in den siebziger Jahren nach Deutschland zurück. Doch seine neue Rolle beschränkt sich noch auf den wunderbaren italienischen *pesto alla genovese,* eine würzige Pastasoße, auf die französische *soupe à pistou,* eine Art scharfer Minestrone, und auf die Beilage zum Mozarella, den man hierzulande noch immer als Weichkäse mißversteht, statt seine angestammten Gratineigenschaften zu schätzen. Zusammen mit Tomaten muß das würzige Kraut die traurige Bläßlichkeit des faden Milchproduktes aufmuntern.

Sein südlicher Charme in Salaten oder seine würzende Kraft in Füllungen warten ebenso auf eine Wiederentdeckung wie sein Platz unter den Heilkräutern. Japanische Forscher haben unlängst eine besondere Kraft des Basilikums ausgemacht. Der Duft soll eine Aktivierung des *Sympathikus* bewirken, also jenes Bereiches des Nervensystems, der für erhöhte Aktivität, Streßbewältigung und Steigerung der Lebensfreude zuständig ist. Das hatte, siehe oben, schon Herr Brunfels 1532 festgestellt. Russische Kosmonauten führen schon seit Jahren besondere Duftphiolen mit sich, die unter anderem auch die Essenz des Basilikums enthalten. Im Zuge von Forschungsprogrammen über die Auswirkungen ätherischer Öle war man auf den günstigen Einfluß des Basilikumduftes auf den Gefühlshaushalt der Astronauten gestoßen. Es wird also nicht mehr lange dauern, bis auch die Hersteller von Herrenparfums sich für das betörende Kraut interessieren werden. Das Wunder der Wiederentdeckung ist in vollem Gange.

In der Medizin ist das Basilikum fast völlig von der Bildfläche verschwunden. In der Homöopathie wird zwar noch eine aus frischen Blättern gewonnene Essenz bei Blasen- und Nierenleiden angewendet, aber in den amtlichen Arzneibüchern ist das Basilikum in Deutschland nicht mehr aufzufinden.

Ausblick

Wer nun weder über Kräuterweine im allgemeinen noch über den Basilikumwein im besonderen verfügt, muß nicht zwangsläufig der Melancholie verfallen. Sofern er das geeignete Alter, mithin das fünfzigste Jahr, erreicht hat, ist Rettung nahe. Zum Glück hat die Medizin die diätetische Bedeutung des Weines, vor allem für ältere Menschen, nie ganz aus den Augen verloren. Von Christoph Wilhelm Hufeland, dem bekannten Arzt der Goethe-Zeit, stammt das vielzitierte Wort vom Wein «als der Milch der Alten». In seinem Grundlagenwerk von 1797, *Die Kunst, das Leben zu verlängern,* in dem er alte Naturheilmethoden und wissenschaftliche Medizin der Neuzeit zu vereinen suchte, beschreibt er den «maßvollen Weingenuß» als ideales «Verlängerungsmittel» des Lebens.

Der Mensch im «mittelmessig Alter», wie einer der Vorläufer Hufelands formulierte, ist nun ins «Senectum» vorgerückt, in dem nach alter Lehre die Säfte zu «stocken» drohen, was ohne Gegenmittel unweigerlich in Phlegma oder in Melancholie enden müßte. Wer diesen Punkt des Lebensbogens erreicht hat, der mag sich deshalb an den medizinisch-diätetischen Rat des Marburger Mediziners und Mathematikers Johannes Dryander (1500 bis 1560) halten, den er seinen Lesern am Ende seines *Practicierbüchlin Außerlesener Artzeneystück* aus dem Jahre 1537, das immer wieder aufgelegt wurde, mit auf den Weg gab. Sein Schlußwort soll den Streifzug durch die historische Weinapotheke beschließen und unseren Blick wieder in eine Zukunft lenken, in der Korkenzieher vielleicht wieder als medizinische Geräte verstanden werden.

163

Wer noch nicht der Melancholie verfallen war und sich folglich
nicht auf ärztlichen Rat mit Basilikumwein trösten konnte,
dem waren nach den Gesundheitsregeln,
die Dryander hier von Hieronymus Bock übernimmt,
die Monate Juni (Brachmonat) und Oktober (Weinmonat) die liebsten.
Zu dieser Jahreszeit war das Weintrinken diätetisch
nachgerade geboten.

Brachmonat.

Allen morgen nüch-
tern frisch Brunnen
wasser getruncken / ist
im Brachmonat nicht
vngesundt.

Sonst mag man
auch ziemliche Wein
trincken / Aber Meth
vnd Bier sollen diesen Monat geurlaubet werden / der Lattich mag als dann widerumb vbe-
risch kommen.

Weinmonat.

In diesem Monat soll
man Trauben essen / süs-
sen Wein trincken / das
bekompt dem Menschen
wol / vnnd machet den
harten bauch flüssig / vnd
so jemandts wil / der esse
Lauch / Knoblauch vnnd
Zwibel / das ist in disem Monat nicht schädlich.

Aus: Johann Dryander, Practicierbüchlin Außerlesener Artzeneystück,
Frankfurt, 1599

Fast gleichlautend wie Hufeland das 200 Jahre später noch tut, rät der Doktor Dryander in warmherzigem Tonfall zu einer einfachen, klaren Lebensweise: «Hierumb ist es nötig, diesem Alter Hilfe zu tun mit Erwärmung und gutem, bequemem Aufenthalt, mit Speise und Trank, wie natürlich verdaulichem Fleisch, frischen, weich gesottenen Eiern, gutem wohl gebackenen Brot, gutem Wein, weil diese Dinge gar schnell und bald gut Geblüt, Kraft und Macht, mehr als andere Speisen bringen.»

Für die Sache mit dem *gut Geblüt* haben die heutigen Mediziner und Pharmakologen allerdings einen etwas komplizierteren Text parat. Wenn sie davon reden, daß sich der Wein – vor allem der Rotwein – ähnlich dem Aspirin als Vorbeugemittel gegen Herzinfarkt eignet, dann sprechen sie – wie etwa der amerikanische Kardiologe J. D. Folds von der Universität von Wisconsin-Madison – von der *kardioprotektiven Wirkung der Flavonoide,* weil sie die *Trombozyten-Aggregations*-Werte vermindern *(Münchener medizinische Wochenschrift* 136/1994, Nr. 14). Vergleichbare Wirkungen hat auch Tom Whitehead von der Universität Birmingham in einer Studie bestätigt (wie im *Clinical Chemistry,* 1995, Band 41, nachzulesen ist).

Das klingt zwar alles weniger tröstlich als des Doktor Dryanders herzhafter Ratschlag aus dem 16. Jahrhundert, vermag aber dennoch und auf wundersame Weise unsere heimliche Hoffnung auf eine Wiederentdeckung der alten Weinmedizin neu zu beleben. Das *Französische Paradoxon,* wie Lewis Perdue, ein amerikanischer Forscher, das medizinische Phänomen getauft hat (*French Paradox an Beyond; Live longer with Wine an the Mediterrean Lifestyle,* 1992), machen wir uns bereitwillig zu eigen. Es meint die lebensverlängernde Wirkung eines regelmäßigen Rotweinkonsums im Zusammenwirken mit der an Olivenöl (ungesättigte Fettsäuren) und Knoblauch (antibakteriell) reichen mediterranen Küche. Mittlerweile haben sich auch schon die Spanier zu Wort gemeldet und fügen neben «ihrem» Rotwein ihr breites Angebot

Auch im *Practicierbüchlin* des «Hocherfarnen vnd
weitberümbten Doktor Johannes Dryander» aus Marburg,
das seit 1537 immer wieder aufgelegt wurde –
hier die Ausgabe von 1599 – finden sich überall
die Spuren der Weinmedizin.

Practicierbüchlin
Außerlesener
Artzeneyſtück / Wie alle
leibliche Gebrechen vnnd Kranckheiten deß Menſchen / durch natürliche
Mittel curiert vnd geheilt werden mögen / einem
jeden zu ſein ſelbs vnnd ſeines Nechſten Not-
turfft / in mangel erfahrner Artzet / vnnd
fall der Not zuwiſſen hochdienlich
vnnd nottwendig.

Durch den Hocherfarnen vnd
weitberümbten D. Ioan.
Dryandrum.

Gedruckt zu Franckfurt am Meyn / bey
Chriſtian Egenolphs Erben / im Jahr
M. D. LXXXIX.

von Fischen hinzu. Und auch die Griechen haben sich in die Kette der Forscher eingereiht und empfehlen uns neben «ihrem» Wein die heimischen Weizenprodukte und ihren Yoghurt.

Selbst die Rheingauer Winzer, die den ehemals glänzenden medizinischen Ruf ihres Weines lange Zeit schmählich vernachlässigt hatten, haben sich nunmehr aufgerafft, den historischen Vorsprung wieder einzuholen und das Gesundheitsimage ihres Produktes neu aufzupolieren. Im Frühjahr 1995 gaben auch sie eine ärztliche Studie in Auftrag, die an «gesunden freiwilligen männlichen Personen im Alter zwischen 45 und 60 Jahren ... die antiatherosklerotische Wirkung eines regelmäßigen Weingenusses» nachweisen soll, wie in einem verlockenden öffentlichen Aufruf an potentielle Testpersonen zu lesen war. Verlockend war dieser Aufruf insofern, als er mit der Ankündigung aufwartete, daß die Probanden über zwei Monate hinweg kostenlos mit Wein versorgt würden. Die Vermutung, daß man sich von den Forschungsergebnissen möglicherweise gar sportlichen Glanz erhofft, wird von der Tatsache erhärtet, daß die «Deutsche Weinakademie» das Untersuchungsprojekt in die treuen Hände eines Sportmediziners an der Universität Mainz legte. Wein statt Joggen? Oder doch lieber Joggen statt Wein? Mögliche Besorgnisse von weniger sportlichen Weinfreunden können hier schnell zerstreut werden. Bei dem untersuchenden Mediziner handelt es sich um Prof. Klaus Jung, der vor einiger Zeit selbst schon mit einem gesundheitlichen Ratgeber in Sachen Wein an die Öffentlichkeit getreten ist.

Nein, die Hoffnung auf eine Wiederentdeckung der Weinmedizin scheint so unrealistisch nicht mehr. Gerade hat Nicolai Worm den düsteren Himmel der kalvinistischen Pharmakologie nachhaltig aufgerissen. Im Herbst 1996 legte der bekannte und streitbare Ernährungswissenschaftler sein Buch *Täglich Wein* vor, auch wenn – wie er im Vorwort schreibt – er dem Tag der Veröffentlichung «mit einem gewissen Bangen ob des ‹blinden Donners›, der auf einen herunter-

Deß Menschen Alter/in welchem ein jede Feuchte regiert.

Es regieren auch die vier Feuchtung nach den vier altern der Menschen/ Dann im anfang deß Lebens/ biß vmb die fünff vnd zwentzig Jahr/ regiert die Sanguinische Complexion. Darnach biß vmb die fünff vnd dreissig/ regiert die Cholera. Dann vmb die zeit kommet rechtschaffen die Hitz in die Adern/vnd erhebt sich die feuchte Cholera/vñ theilet sich in des Menschen Leib. Nach diser zeit folget dañ das mittelmessig Alter/*Senectus* genant/ hat in die Melancholey/ so trucken vnd dürr ist/ Ihr Regiment biß vmb das fünfftzigst Jahr.

Von diser zeit an / nemmen alle natürliche feuchte des Leibs ab/ die natürliche hitz wirt kalt/ Dann fahet an das recht alter / *Decrepita etas* genant/ dann regiert Phlegma/ Hierumb von nören/disem Alter.Hilff zuthun mit erwermung vnd guter bequemer auffenthaltung/ Speiß vñ Trancks/als natürlich verdäwlich fleisch/frisch weich gesotten Eyer / gut wol gebacken Brot/ guten Wein/ Von wegen daß dise Ding gar schnell vnd bald gut Geblüt/krafft vnnd machet/ mehr dann andere speise/ bringen.

Aus: Johannes Dryander,
Practicierbüchlin Außerlesener Artzeneystück,
Ausgabe Frankfurt, 1599

prasseln mag», entgegensah. Hunderte neue und neueste wissenschaftliche Studien zum Thema hat er ausgewertet und zu einem praktischen Ernährungsratgeber zusammengestellt. Vor allem geht es darin um die wissenschaftlich abgesicherte Wiederentdeckung des Weines als eines effektiven Mittels der Präventivmedizin. Aber, so Worm, «es kann lange dauern, bis sich neue Erkenntnisse durchsetzen, vor allem wenn sie auf festgefahrene Dogmen prallen», die auch dadurch nicht richtiger werden, daß man sie immer wieder von neuem verbreitet.

Wohlgemerkt. Auch Nicolai Worm geht es um die *Beter* und nicht um die *Sünder,* von denen schon der alte Theodor Heuss sprach. Und in der Tat, wer von *Betern* redet, muß nicht ständig und zugleich auch über die *Sünder* lamentieren. Aber Worm hat schon längst unerwarteten Beistand erhalten: Beistand, der in Europa gemeinhin einer Absolution gleichkommt. Die neueste Bresche in die Mauer von Fehlurteilen über den Wein wurde gerade erst in den USA geschlagen, und zwar von höchster Stelle. Im Januar 1996 hat die ansonsten eher prohibitionsbereite US-Politik erste Anzeichen einer *Matanoia* (Lexikon: *Gewinnung einer neuen Weltsicht*), einer bußfertigen Umkehr, erkennen lassen. Ja mehr noch. Das Gesundheits- und Landwirtschaftsministerium meißelte ins Tafelwerk seiner alle fünf Jahre erneuerten Ernährungsrichtlinien ein, was wohl die Mehrzahl der Mediziner hierzulande mehr als in Erstaunen versetzt hätte, hätten sie davon auch nur Kenntnis genommen: «Der Genuß von ein oder zwei alkoholischen Getränken pro Tag kann der Gesundheit förderlich sein.» Darüber hinaus wiesen die US-Gesundheitsbehörden auf einen Aspekt hin, der von unseren Politikern, wenn überhaupt, nur im intimen Rahmen privater Gespräche zu hören ist. Die ansonsten so puristischen amerikanischen Gesundheitsvertreter sprechen von der gesundheitsförderlichen Wirkung von «Lebensfreude» und «Lebensqualität», die sich zusammen mit einem guten Glas Wein einzustellen pflegen; eine Tatsache, die unter den Präventionsmedizinern bisher zu wenig Beachtung gefunden habe. Für Nicolai Worm reagierte die offizielle amerikanische Politik damit endlich «mutig und konsequent auf die fortgeschrittenen wissenschaftlichen Erkenntnisse». Die *New York Times* feierte die neuen Richtlinie gar als «Triumph der Wissenschaft und Vernunft über die Politik».

Hat hier am Ende die amerikanische Weinbaulobby so erfolgreich gewirkt, wie wir das längst von der amerikanischen Margarinelobby wissen, die ehemals die aufkeimende Cholesterindiskussion so günstig für die Aufbesserung ihrer Bilanzen zu beeinflussen vermochte? Nichts ist sicherer als der Zweifel. Was freilich gegen diesen Zweifel spricht, ist die Tatsache, daß Margarine eine relativ junge Erfindung ist, während die Weinmedizin auf jahrhundertealtes Wissen und ebensolange Erfahrung zurückblicken kann. Brechen also die in diesem Fall tatsächlich und ausnahmsweise sympathischen alten Zeiten wieder an? «Was bisher moralisch undenkbar, medizinisch gewagt und ‹politisch unkorrekt› erschien, daran muß man sich in Zukunft gewöhnen», ermuntert Worm unsere Hoffnung. Und er treibt die neugeschlagene Bresche mutig weiter, wenn er die Weinmedizin wieder vom Kopf auf die Füße stellt. Im Kapitel «Abstinenzler leben gefährlicher» findet er zu einer der zentralen Thesen der alten Weinärzte zurück. «Der Verzicht auf Wein», so Worm, «ist ein Risikofaktor für unsere Gesundheit.»

Dafür wird er von jenen, welche die *Beter-Sünder-Maxime* noch nicht recht internalisiert haben, noch manche Prügel einstecken müssen. Denn das Lager der gesundheitlichen Weinzweifler ist immer noch mächtig. Aber es hilft nichts. Auch sie werden eines Tages ihren Ruf nur dadurch noch retten können, daß sie die Winzer und Weingesetze zu skrupulöser Werktreue verpflichten. «Weinvorsorge ist Gesundheitsvorsorge», wie der rheinhessische Weintherapeut Ferdinand von Heuss noch 1906 formulierte.

Gerade dem *Französischen Paradoxon* widmet Worm besondere Aufmerksamkeit. Bei der geringeren Anfälligkeit der

Mittelmeeranrainer für den Herzinfarkt spielen nicht nur Speiseplan und regelmäßiger Weingenuß eine wichtige Rolle, sondern auch die Sonne und ihr wärmespendendes Lächeln. Unterhalb eines bestimmbaren Minimums von Innen- und Außentemperaturen hilft auch der Wein nur noch schwer weiter, was die Finnen vermutlich dazu bewogen hat, die Glutöfen ihrer Saunen zu erfinden. Aber auch dieser strapaziöse Sonnenersatz ändert wenig an der Tatsache, daß die Finnen im Durchschnitt häufiger an Herz- und Hirninfarkten sterben. Werden sie eines Tages doch aufbrechen und sich nach einer – von den europäischen Gesundheitsministern verordneten – neuen Völkerwanderung in den zentraleuropäischen Weinbauregionen niederlassen?

Wie dem auch sei. Wir hoffen bei allen, die sich anschicken, die alte Weinapotheke neu zu entdecken, auf den wohlverstandenen Eifer solcher Forscher, wie ihn der Brite A. S. St. Leger an den Tag gelegt hat. Zusammen mit seinen Kollegen Cochrane und Moore hat er vor gut 15 Jahren die Diskussion um den medizinischen Nutzen des Weines erfolgreich neu belebt (*Lancet I*, 1979, 1017 bis 1020). Daß selbst unter dänischen Medizinern die Neugier erwachte, nach den Wirkungen des mit der europäischen Grenzöffnung ins Land geflossenen Weines zu forschen, ist nicht zuletzt Leger und seinem Team zu verdanken.

Selbst wenn unsere nördlichen Nachbarn nun in Versuchung geraten sollten, mittels Fördergeldern aus dem EU-Ausgleichsfonds das einheimische Flachland für den Weinbau urbar zu machen, um die medikamentöse Selbstversorgung des kleinen Landes auf diesem Gebiet sicherzustellen, könnte eine solch kühne Erweiterung der europäischen Weinkarte uns nicht wirklich schrecken. Wir gönnten auch den Dänen und denen, denen Dänen nahestehen, diesen Versuch.

Nein, es ist jener Dr. Leger selbst, dessen Arbeit, vor allem aber dessen Charakterstärke uns Auftrieb und neue Hoffnung zu geben vermag. Am Ende seiner Analyse von umfangreichem Datenmaterial aus «18 hochentwickelten» Ländern kommt er zu einer wissenschaftlich zwar zurückhaltenden, unter ethischen Gesichtspunkten aber sehr entschiedenen Schlußfolgerung. Sie verdient als zentrale Forschungsmaxime in goldenen Lettern über den Laboratorien aller pharmazeutischen Hersteller angebracht zu werden, um sie nachhaltig daran zu hindern, den wirksamen Stoff zu *isolieren*, gar zu *synthetisieren* und in eine süßliche Pille zu verpacken:

«Wenn jemals gefunden wird, daß Wein einen Schutzfaktor gegen Herzerkrankungen durch Mangeldurchblutung enthält, würden wir es für ein Sakrileg halten, diesen Bestandteil zu isolieren. Das Arzneimittel liegt bereits in einer außerordentlich schmackhaften Form vor.»

Recht hat er, der Doktor!

Der «Ouroboros», der Schwanzfresser.
Symbol der Ewigkeit und des wiederkehrenden Zeitablaufs.

Holzschnitt aus Horti Appolini,
Rom, 1597

Literaturhinweise für medizinisch interessierte Leser

Badischer Weinbauverband e. V. (Hrsg.):
Reben Wein Gesundheit. Freiburg, 1983
Becker, Kurt:
Gesünder leben mit oder ohne Wein? Mainz, 1983
Becker, Norbert; Glüss, Herbert:
Der Wein. Lebensfreude und Gesundheit. Freiburg, 1985²

Cornelssen, Friedrich A.; Albath, Wolfgang:
Wein als Gesundbrunnen. Ein Kompendium über die Naturheilkräfte des Weines. Ronsberg, 1984

Hochrain, Helmut:
Fühl dich wohl mit Wein. Wohlgemeinte Ratschläge zu Wein, Gesundheit und Leben. Bingen, 1985²

Ingelheim, Franz-Anselm Graf v.; Swoboda, Ingo:
Heilen und Vorbeugen mit Wein. Niedernhausen/Ts., 1996

Jung, Klaus:
Wein – Genuß und Gesundheit. Mainz, 1996

Kliewe, H.:
Wein und Gesundheit. Eine ärztliche Studie über den Weingenuß. Neustadt an der Weinstraße, 1981
Köhnlechner, Manfred:
Heilkräfte des Weines. Ein medizinisches Weinbrevier. München/Zürich, 1978

Kreiskott, Horst:
Der Wein – eine Arznei von der Antike bis zur Gegenwart.
Schriften zur Weingeschichte, Band 66. Wiesbaden, 1983
Kreiskott, Horst:
Zur Verwendung von Wein in Medizin und Pharmazie
vom Altertum bis zur Gegenwart.
Schriften zur Weinkultur, Band 2. Deidesheim, 1989
Kreiskott, Horst:
Gesundheit mit Wein. Grünstadt/Weinstraße, 1991

Maury, E. A.:
Gesund mit Wein. Bern, 1977

Opel, Heinz von:
Gesund mit Wein. Mainz, 1989

Parade, Dietrich:
Wein und Gesundheit.
Beiträge zur Weinkultur im Rheingau. Eltville, 1989

Sarrazin, Hans Christian:
«Der Wein in der Heilkunde», in:
Ciba-Zeitschrift. Wehr/Banden Nr. 64, 1953

Worm, Nicolai:
Täglich Wein. Gesünder leben mit Wein und mediterraner
Ernährung. Bern und Stuttgart, 1996

Zeitschrift *Psychologie heute,* Heft 11, November 1993:
Beiträge zu «Mittelmeer-Diät und Rotwein»

Bibliographie der Quellen

Anonyme Quellen:
Compendium Magisch Sympathetisch und Antipathetischer Arcanitaeten Wider Die Zauberer / Hexen / Unholden und Truden. Frankfurt, 1715
Koch und Kellermeisterey. Frankfurt, 1566
Kurtzer doch gründlicher Bericht vom Sauerwasser aus dem Weinbrunnen in Langenschwalbach. Wiesbaden, 1788
Pharmacopoea Universalis.
2 Bde. Weimar, 1845/1846
Pharmacopoia of London. 1829[2]
Pharmacologia Browniana. Stuttgart, 1798
Sentiment – Von Fürtrefflichkeit, Unterschied, Nutzen und Wirkungen Des Rhein=Weins. Magdeburg, 1709
Von Speisen + Natürlichen vnd Kreuter Wein aller verstandt. Frankfurt, 1531

Arnoldus von Villanova:
Ein löblicher und nützlicher Tractat: Von Beraitung und Brauchung der Wein. Wien, 1532

Baer, Adolf:
Der Alcoholismus, seine Verbreitung und seine Wirkung... Berlin, 1878
Baspeyras, Martine:
Le vin médecin. Minerve, 1986
Bassermann-Jordan, Friedrich von:
Geschichte des Weinbaus. 2 Bde., Frankfurt, 1923[2]

Bitterkraut, Johann Christoph:
Wehmütigen Klag-Thränen der löblichen höchst-beträngten Artzey-Kunst. Endter, 1677
Bock, Hieronymus:
Kreütterbuch. Straßburg, 1577
Bonal, François; Ky, Tran; Drouard, François:
Les vertus thérapeutiques du champagne. Paris, 1990
Brown, John:
Elementa medicinae. London, 1778
Brunfels, Otto:
Contrafayt Kreüterbuch. Straßburg, 1532
Brunschwig, Hieronymus:
Liber pestilentialis. Straßburg, 1500
Burmester, Theophil Andreas:
De usu vini medico. Göttingen, 1797
Burton, Robert:
Anatomy of Melancholy. Oxford, 1621; deutsch von
U. Horstmann, Zürich und München, 1988

Carl, Johann Samuel:
Armen-Apotheck. Büdingen, 1721

Diepgen, Paul:
Deutsche Volksmedizin. Wissenschaftliche Heilkunde und Kultur. Stuttgart, 1935
Dioscuridis Pedacii:
Kräuterbuch. Frankfurt, 1610
Dryander, Johann:
Practicierbüchlin Außerlesener Artzeneystück. Frankfurt, 1599

Eleonora Maria Rosalia:
Freywillig aufgesprungener Granat-Apffel. Leipzig, 1709
Elsholtz, Johann Sigismund:
Diaeteticon. Cölln an der Spree, 1682

E.L.W.:
Der curieus und offenhertzige Wein-Artzt. Frankfurt und
Leipzig, 1753

Fielden, Christopher:
Der Weinbetrug. Cham, 1991
Florini, Francisci Philippi:
Allgemeiner Kluger und Rechtsverständiger Haus-Vatter.
2 Bde., Nürnberg / Frankfurt und Leipzig, 1722
Freytag, Gustav:
Bilder aus der deutschen Vergangenheit. 2 Bde., München,
1962
Fuchs, Leonhart:
New Kreüterbuch. Basel, 1543

Gehema, Jan Abraham von:
Grausame Medicinische Mord-Mittel. Bre(h)men, 1688
Geuder, Melchior Friedrich:
Heilsame Medicinische Lebens-Mittel. Ulm, 1689
Graff, Karl:
Der Moselwein als Getränk und Heilmittel. Bonn, 1821
Graff, Karl:
Der Moselwein gegenüber der pestilentiellen Cholera. Bonn,
1848

Hamvas, Béla:
Philosophie des Weins. Berlin, 1994
Happel, Eberhard Werner:
Größte Denkwürdigkeiten. Hamburg, 1684
Helbach, Fridrich:
Oenographia. Frankfurt, 1604
Hellwig, L. Christoph:
Auserlesenes Teutsch-Medicinisches Recept-Buch...
vor die meisten Kranckheiten der Mannes-Personen. Frankfurt,
1715

Hennes, J. H.:
Die Erzbischöfe von Mainz. Mainz, 1879
Hero, Michael:
Schachtafelen der Gesundheit. Straßburg, 1533
Heuss, Ferdinand von:
Winzer und Weingesetz. Würzburg, 1906
Hildegard von Bingen:
Physica. Heilkraft der Natur. Freiburg, Basel, Wien, 1991
Hoffmann, Friedrich:
*Gründlicher Unterricht – Wie ein Mensch nach den
Gesundheits-Regeln der Heil. Schrift und durch vorsichtigen
Gebrauch weniger Auserlesener Artzneyen, Ingleichen durch
Vermeidung unbedächtlicher Medicorum sein Leben und
Gesundheit lang conserviren könne.* Ulm, 1722
Horn, Ernst:
Handbuch der praktischen Arzneimittellehre. Halle, 1803
Hufeland, Christoph Wilhelm:
Die Kunst, das Leben zu verlängern. Jena, 1798[2]

Jung, Hermann: «Der Weindoktor», in:
Neue Apotheken Illustrierte. Heft 11, S. 24, Frankfurt, 1973
Jung, Herrmann:
Wenn man beim Wein sitzt. Duisburg, 1951

Kaiser, Rudolf:
*Deutsche und lateinische Texte des 14. und 15. Jahrhunderts
über die Heilwirkungen des Weingeistes.* Med. In. Diss.
Leipzig, 1925
Kauppers, Johannes Valentin:
De natura et praestantia vini Rhenani in Medica. Halle,
1703
Keller, Engelhardt:
*Der Wein überhaupt und der Frankenwein insbesondere
als Heilmittel betrachtet.* Med. In. Diss. Würzburg, 1838

Liebig, Justus von:
Chemische Briefe. Heidelberg, 1865
Löbenstein-Löbel, Eduard Leopold:
*Die Anwendung und Wirksamkeit der Weine in
lebensgefährlichen Krankheiten.*
Leipzig, 1816
Lonicerus, Adamus:
Kreuterbuch. Frankfurt, 1669

Maury, E. A.:
La Médecine par le vin. Paris, 1989
Maury, E.A.:
Soignez-vous par le vin. Paris, 1983
Megenberg, Konrad von:
Puch der Natur. Augsburg, 1482
Meurer, Franz:
*Die Mosel- und Saarweine in ihren ausgezeichneten
gesundheitsfördernden Eigenschaften bei Gesunden und ihre
heilkräftigen Wirkungen bei Kranken.* Trier, 1866
Möhsen, A. W.:
*Geschichte der Wissenschaft in der Mark Brandenburg,
besonders der Arznei-Gelahrtheit.* Berlin, 1840
Montaigne, Michel de:
Essais. Deutsch 3 Bde., Zürich, 1992
Most, Georg Friedrich:
Enzyklopädie der Volksmedizin. Leipzig, 1843
Moys, Justus:
Von dem schweren Mißbrauch des Weines. Köln, 1580
Müller, Irmgard:
Die planzlichen Heilmittel bei Hildegard von Bingen.
Freiburg, 1993

Ortloff von Bayerland:
Das Frauenbüchlein. O.O., o.J. (gedruckt vor 1500)
Osiander, Friedrich:
Handbuch der Entbindungskunst. 2 Bde., Tübingen, 1821

Pasteur, Louis:
Etudes sur le vin, ses maladies...
Paris, 1866
Paracelsus:
Grosse Wundartzney. Augsburg, 1536
Perger, A. Ritter von:
Pflanzensagen. Stuttgart, 1864
Petersen, Joh. Wilhelm:
Geschichte der deutschen National-Neigung zum Trunke.
Leipzig, 1782
Pfeiffer, August:
Antimelancholicus. Leipzig, 1694[2]
Pfingsten, Johann Hermann:
Deutsches Dispensatorium oder allgemeines Deutsches
Apothekenbuch. Frankfurt und Leipzig, 1795[2]
Platina, Baptista:
Von der Eerlichen, zimlichen auch erlaubten Wolust des Leibes.
Augsburg, 1542
Porta, Johann Baptista della:
Natürliche Magie. Magdeburk(g), 1612

Rasch, Johann:
Weinbuch. München, 1560
Rheinischer Verein für Denkmalpflege (Hrsg.):
Goethe und das Rheinland. Düsseldorf, 1932
Riehl, Wilhelm Heinrich:
Land und Leute. Stuttgart und Augsburg, 1857
Rivolier, Jean:
Secrets et vertus des plantes médicinales. Paris, 1978
Rueff, Jakob:
Ein schön lustig Trostbüchle von den empfengknussen
und geburten der menschen... Zürich, 1554
Ryff, Walter:
New Kochbuch / Für die Krancken. Frankfurt, 1545

Sarrazin, Hans Christian:
Der Wein in der Therapie des 19. Jahrhunderts. Med. In.
Diss. Mainz, 1952
Schreiber, Georg: «Der Wein als Heiltrank», in:
Rhein. Westf. Zeitschr. f. Volkskunde, 9/1962, S. 39-55
Schultze, Rudolf:
Geschichte des Weins und der Trinkgelage. Berlin, 1867
Schunk, Joh. Peter:
Beyträge zur Mainzer Geschichte in Urkunden. Frankfurt und
Leipzig, 1788
Schwestermiller, Konrad:
Pestregiment. Berlin, 1485
Siegel, Ronald K.:
Rauschdrogen bei Tieren und Menschen. Frankfurt, 1995
Sytz, A.:
Traktat vom Aderlassen. Landshut, 1520

Tabernaemontanus, Jacob Theodor:
Neu vollkommen Kräuter-Buch. Ausgabe Basel, 1731
Thomasius, Jacob:
De Poculo St. Joannis. Leipzig, 1675
Tissot, Simon André:
Gemeinnützliches und sehr bewährtes Haus-Arzney-Buch.
Augsburg und Innsbruck, 1772

Valentinus, Michael Bernhard:
Vividarium reformatum. Frankfurt 1719

Walther, Johannes:
*Ein Schönes / Herzliches / unnd Nützliches / auch Bewertes
Weinbüchlein / von schönen Künsten.* Ettlingen, 1607
Wecker, Johann Jakob:
Practica medicina. Basel, 1558

Weissenfeld, Joseph:
Der Wein als Erregungsmittel beim Menschen. Med. In. Diss.
Bonn 1898
Wittich, Johann:
Hausartzney. Eisleben 1575
Wittich, Johann:
Von der artzneylichen Tugend des Weines. Leipzig, 1592
Wonnecke, Johann (genannt Cube):
Gart der Gesuntheyt. Mainz, 1485

Personenregister

185

Dr. Nicolai Worm

Täglich Wein

Gesünder leben mit Wein und mediterraner Ernährung

Seit der Frühzeit der Antike kommt dem Wein eine unvergleichliche Faszination zu. In allen Epochen und in fast allen Kulturen der Menschheitsgeschichte konnte er seine besondere Stellung als «Medizin» erlangen. Mit dieser Lektüre bekommt der Weinfreund in unseren Tagen endlich auch die wissenschaftlichen Belege an die Hand geliefert, wie berechtigt diese Vorliebe für den vergorenen Saft der Rebe selbst aus strenger ernährungsmedizinischer Sicht tatsächlich ist. Paperback, 216 Seiten, ISBN 3-444-10472-3

Jedem ernsthaften Weinfreund sei Worms Werk als Argumentationshilfe allen allzu argusäugigen Freunden, Bekannten und Ehefrauen gegenüber nachhaltig empfohlen.

Die Welt, Berlin

Worm stellt keine Gesetze auf, sondern er argumentiert behutsam für eine Ernährung, in der Vernunft und Genuß einander nicht ausschließen.

Darmstädter Echo

Wir regelmäßigen Weintrinker sind für dieses kompetente Urteil dankbar und genießen unsere tägliche Weinration ohne Reue und mit Genuß.

Freie Presse, Chemnitz

Das Buch liest sich leicht wie ein Roman. Ohne schulmeisterliches Gehabe verkündet es die frohe Botschaft von der wohltuenden Wirkung des Weines.

CoopZeitung, Basel

Ein Buch, das jedenfalls zu überlegtem, keineswegs jedoch zu übermäßigem Genuß ermuntert.

Der Standard, Wien

ELMAR M. LOREY wurde 1941 in Wiesbaden geboren. Er studierte Theologie, Pädagogik, Psychologie und Publizistik in Mainz, Würzburg und Toulouse und schloß als Diplomtheologe ab. Über 30 Jahre arbeitete er als Reporter, Redakteur und Dramaturg beim Fernsehen und wurde u. a. mit dem Grimme-Preis, der wohl bedeutendsten deutschen Fernsehauszeichnung, bedacht.

Als freier Autor widmet er sich heute vor allem kulturgeschichtlichen Themen. In seiner kleinen «Edition WERKSTATT in der FISCHERGASSE» erscheinen in Kleinauflagen handgebundene Bücher, die sich mit der Geschichte und Kultur seiner Region befassen. Neben den Büchern hat er zahlreiche Aufsätze zu Rezeptionsfragen des Fernsehens veröffentlicht.

Elmar M. Lorey «legt» (d. h. vinifiziert) seinen eigenen Wein, darunter auch Kräuterweine nach den alten Rezepten, und in seiner Werkstatt entsteht Gebrauchskeramik nach der traditionellen Technik der Irdenware.